Siranus Sven von Staden

30 Minuten

Veränderungen souverän meistern

W0295023

Bibliografische Information der Deutschen Nationalbibliothek

Die Deutsche Nationalbibliothek verzeichnet diese Publikation in der Deutschen Nationalbibliografie; detaillierte bibliografische Daten sind im Internet über http://dnb.d-nb.de abrufbar.

Umschlaggestaltung: die imprimatur, Hainburg
Umschlagkonzept: Martin Zech Design, Bremen
Lektorat: Diethild Bansleben
Satz: Zerosoft, Timisoara (Rumänien)
Druck und Verarbeitung: Salzland Druck, Staßfurt

© 2004 GABAL Verlag GmbH, Offenbach
6., überarbeitete Auflage 2012

Alle Rechte vorbehalten. Nachdruck, auch auszugsweise, nur mit schriftlicher Genehmigung des Verlags.

Hinweis:
Das Buch ist sorgfältig erarbeitet worden. Dennoch erfolgen alle Angaben ohne Gewähr. Weder Autor noch Verlag können für eventuelle Nachteile oder Schäden, die aus den im Buch gemachten Hinweisen resultieren, eine Haftung übernehmen.

Printed in Germany

ISBN 978-3-86936-419-3

In 30 Minuten wissen Sie mehr!

Dieses Buch ist so konzipiert, dass Sie in kurzer Zeit prägnante und fundierte Informationen aufnehmen können. Mithilfe eines Leitsystems werden Sie durch das Buch geführt. Es erlaubt Ihnen, innerhalb Ihres persönlichen Zeitkontingents (von 10 bis 30 Minuten) das Wesentliche zu erfassen.

Kurze Lesezeit

In 30 Minuten können Sie das ganze Buch lesen. Wenn Sie weniger Zeit haben, lesen Sie gezielt nur die Stellen, die für Sie wichtige Informationen beinhalten.

- Alle wichtigen Informationen sind blau gedruckt.

- Schlüsselfragen mit Seitenverweisen zu Beginn eines jeden Kapitels erlauben eine schnelle Orientierung: Sie blättern direkt auf die Seite, die Ihre Wissenslücke schließt.

- *Zahlreiche Zusammenfassungen innerhalb der Kapitel erlauben das schnelle Querlesen.*

- Ein Fast Reader am Ende des Buches fasst alle wichtigen Aspekte zusammen.

- Ein Register erleichtert das Nachschlagen.

Inhalt

Vorwort

Veränderungen sind unser tägliches Brot und bestimmen das Leben mehr denn je. Wir arbeiten tagtäglich mit Produkten, die vor 10 Jahren noch nicht entwickelt waren. Wir nutzen Dienstleistungen, deren Bedarf wir vor 5 Jahren nicht einmal ansatzweise erahnt haben. Die Ansprüche und Erwartungen der Kunden haben sich komplett verändert. Neue Technologien überrollen uns. So wertvoll manche Entwicklungen z. B. in der Medizin auch sind, so leben wir doch ständig in der Angst, nicht mehr Schritt halten zu können.

Vielen Menschen fällt es schwer, Veränderungen zu akzeptieren. Am liebsten würden sie ganz einfach alles so machen, wie sie es schon seit vielen Jahren machen – oder eben auch nicht. Entscheidungen zu treffen ist nicht immer leicht. Bei dem schnellen Wandel, der unser aller Leben bestimmt, kann kein Mensch eine Garantie geben, dass das, was heute noch richtig ist, auch morgen noch Gültigkeit hat. Kriege und wirtschaftliche Umbrüche, aber auch neue Werte und Lebensinhalte der Gesellschaft zwingen den Einzelnen dazu, sich mit Veränderungen zu arrangieren oder noch besser: Veränderungen aktiv anzugehen und als Chance für sich zu nutzen.

Dieses Buch zeigt Ihnen, wie Sie Ihre möglichen Ängste vor Veränderungen erfolgreich abbauen, Veränderungen chancenorientiert angehen und wie Sie daraufhin Ihre Zukunft aktiv gestalten können.

Ich wünsche Ihnen viel Freude bei der Lektüre und drücke Ihnen ganz fest die Daumen für Ihren persönlichen Veränderungsprozess.

Sie haben noch Fragen? Gerne! Ich bin nur eine E-Mail weit entfernt.

Ihr
Siranus Sven von Staden

von Staden Consulting
Ihr Wegbegleiter zu Wahrer Größe
E-Mail: mail@siranus.com
Web: www.wahregroesse.de, www.siranus.com &
www.quantum-energy.de

Nutzen Sie nur 2 Minuten mehr im Monat für Ihren Erfolg!
Abonnieren Sie die kostenfreien „Siranus‘ News & Tipps“. Der Newsletter, der Sie auf Ihrem Weg zu einem erfüllten, glücklichen, gesunden Leben voller Wohlstand mit nützlichen Tipps und Übungen unterstützt.
2 Minuten Lesezeit für Ihre erfolgreiche Zukunft.
www.siranus.com/newsletter.html

30 MINUTEN

Was bedeuten Veränderungen für das Leben?

Seite 9

Warum ist es unmöglich, sich nicht zu verändern?

Seite 13

Welche Möglichkeiten gibt es, mit Veränderungen erfolgreich umzugehen?

Seite 14

1. Veränderungen

Manche Menschen beschäftigen sich mit Veränderungen. Wiederum andere würden sich gerne verändern, schaffen jedoch den Absprung aus der alten Situation nicht. Was ist dieser Mythos Veränderung, der so viele Menschen beschäftigt? Warum ist er für einige Befreiung und warum bekommen andere bei dem Begriff graue Haare?

1.1 Die Bedeutung von Veränderungen

Kaum ein Mensch kann es sich heute leisten, nicht über Veränderungen nachzudenken. Das Leben generell bedeutet ja schon Veränderung. Veränderungen begegnen uns tagtäglich, sie sind unvermeidlich. Und das ist auch gut so. Ohne sie würden wir nicht vorankommen, wäre ein Wachstum unmöglich. Dennoch sehen wir Veränderungen häufig als etwas Bedrohliches an. Am wenigsten mögen wir sie im beruflichen Leben.

Das Positive der Veränderungen

Auch wenn es bisher so aussieht, als wären Veränderungen meistens nur negativ, so bieten sie auch oder gerade positive Auswirkungen. Chancen, die ohne die Veränderung unmöglich gewesen wären. In vielen Fällen ergeben sich im Laufe eines Veränderungsprozesses ganz neue Möglichkeiten, die wir im Vorfeld noch gar nicht überschauen konnten. Beispielsweise die Umstrukturierung im Unternehmen, die neue Aufgabengebiete ermöglicht; oder der neue preisgünstige Wettbewerber am Markt, der Sie dazu gezwungen hat, Ihre komplette Marketingstrategie zu überdenken und somit eine intelligente und deutlich bessere Lösung zu finden. Viele der anfangs erschreckenden Veränderungen erweisen sich in der Realität als äußerst positiv. Es ist das Szenario, das wir uns im Kopf ausmalen, nicht die Wirklichkeit.

Veränderungen begegnen uns tagtäglich. Sie sind weder gut noch schlecht – einerseits mit Risiko verbunden, bieten sie andererseits auch große Chancen.

1.2 Die Welt im Wandel

Bereits vor 2500 Jahren beschäftigten sich die Menschen mit dem Thema Veränderungen. Der griechische Philosoph Heraklit sagte: „Nichts ist beständiger als der Wandel.“ Eine Weisheit, die sich in der gesamten Mensch-

heitsgeschichte stets widerspiegelt. Ob es sich hierbei um den sehr langfristigen Wandel der Erdzeitalter handelt oder um die immer kürzer werdenden Innovations- und Produktlebenszyklen, ständig müssen wir dazulernen und uns anpassen, um Schritt halten zu können.
Im Nachfolgenden beschreibe ich Ihnen vier Arten von Wandel, die unser Leben bestimmen:

Gesellschaftlicher Wandel

Mit Hilfe der Forschung und der verbesserten Technologien werden wir Menschen heute immer älter. Dies führt einerseits dazu, dass wir unseren Lebensabend länger genießen können. Andererseits ergibt sich aus dieser Situation und der daraus folgenden aktuellen Rentendiskussion, dass wir uns um unsere Rente in Zukunft selbst kümmern müssen. Auch die Öffnung der Mauer zwischen Ost und West hat einen rapiden gesellschaftlichen Wandel eingeleitet. Auf der Beziehungsebene hat sich ebenfalls viel gewandelt. War es früher selbstverständlich, dass eine Ehe ein Leben lang hielt, wird heute jede dritte Ehe geschieden. Die Zahl der Singlehaushalte hat stark zugenommen und homosexuelle Beziehungen werden immer mehr anerkannt.

Auch die Werte der Menschen wandeln sich. War früher z. B. vielen Menschen die Karriere sehr wichtig, versuchen heute immer mehr, ihren Beruf so auszurichten, dass für das Privatleben genug Zeit bleibt. Work-Life-Balance ist völlig selbstverständlich geworden.

Technischer Wandel

Bedingt durch die kürzer werdenden Innovationszyklen zwingt uns der technische Wandel, neuen und höheren Anforderungen gerecht zu werden. Gleichzeitig werden Prozesse vereinfacht. Beispiel Kommunikationstechnologie: Fast jeder besitzt heute ein Handy und ist somit ständig erreichbar. Das Internet ermöglicht es uns, innerhalb kürzester Zeit an so gut wie alle Informationen heranzukommen. Bücher können wir uns heute gemütlich im Auto als Hörbuch anhören oder als E-Book auf dem Kindle bzw. Smartphone lesen.

Ökonomischer Wandel

Befanden wir uns vor 10 Jahren noch in der Industriegesellschaft, so hat sich die westliche Welt heute zu einer Dienstleistungsgesellschaft entwickelt. Die Industrieberufe gehen immer stärker zugunsten von Dienstleistungsberufen zurück. Die sich ändernden Anforderungen an die Jobs von heute bzw. morgen erfordern auch hier eine Veränderungsbereitschaft – und ermöglichen uns, in immer neuen und spannenden Feldern tätig zu werden.

Ökologischer Wandel

Allein in den letzten 10 Jahren hat sich das Weltklima stark verändert. Die Ursachen sind bekannt, und die Auswirkungen spüren wir alle am eigenen Körper. Spitzentemperaturen von 40°C in Deutschland wären vor 10 Jahren noch undenkbar gewesen. Hier muss sich der Körper an die Veränderungen anpassen. Doch auch die aggressivere Sonneneinstrahlung aufgrund der dünneren Ozonschicht veranlasst uns, vorsichtiger beim Sonnenbaden zu werden. Dürreperioden zwingen die Bauern umzudenken und die Verbraucher, aufgrund der höheren Preise anders einzukaufen. Dafür können wir den Sommer viel intensiver genießen.

Die Menschen beschäftigen sich seit Jahrtausenden mit dem Thema Veränderungen. Vier Arten von Wandel beeinflussen unser Leben: Gesellschaftlicher, technischer, ökonomischer sowie ökologischer Wandel.

1.3 Wir können uns nicht nicht verändern

Paul Watzlawick sagte: „Man kann nicht nicht kommunizieren." Über die Veränderung können wir gleiches sagen: „Es ist unmöglich, sich nicht zu verändern".

Der Mensch, ein Sicherheitsdenker

Viele Menschen durchläuft ein kühler Schauer, wenn sie an das Wort „Veränderung" denken. Veränderung ist etwas Ungewohntes, etwas Neues, etwas, das wir selbst nicht beeinflussen, kontrollieren können. Dies glauben wir zumindest. Und genau das ist der Grund, warum uns ein kalter Schauer den Rücken herunterläuft. Ein Gefühl von Unsicherheit tritt auf. Und genau da wird uns mulmig zumute. Der Mensch benötigt Sicherheit, um sich wohl zu fühlen.

Privat ein Profi – beruflich ein Amateur

Doch sind wir gerade im privaten Bereich Profis der Veränderung. Allerdings sind solche Veränderungsprozesse für uns meistens selbstverständlich: ob Kindergarten, Schule, Berufseinstieg, Universität, Umzug in einen anderen Ort, das erste Kind ... Die Aufzählung lässt sich unendlich weiterführen. Wir umgeben uns ständig mit Veränderungen. Nutzen Sie also Ihren Lehrmeister „Privatleben“, um auch bei beruflichen Veränderungen ein Profi zu werden.

30 *Menschen sind im Allgemeinen Sicherheitsdenker. Obwohl sie im Privatleben häufig Veränderungen durchlaufen, scheuen sie das Risiko im Berufsleben.*

1.4 Die 4 Möglichkeiten, mit Veränderungen umzugehen

Veränderungen sind zunächst weder gut noch schlecht. Es liegt letztendlich an Ihnen, wie Sie mit ihnen umgehen. Wir unterscheiden vier verschiedene Möglichkeiten:

1. Sie verschränken die Arme, lehnen die Veränderung rigoros ab. Vielleicht arbeiten Sie ihr sogar noch entgegen.

2. Sie verschränken die Arme und warten einfach ab, was passiert.
3. Sie versuchen, sich mit der Veränderung zu arrangieren.
4. Sie nutzen die Veränderung für sich als Chance.

Was in den verschiedenen Fällen passiert

In den ersten beiden Fällen wird Ihnen wahrscheinlich genau das passieren, wovor die meisten Menschen Angst haben: Sie werden von der Veränderung überrollt und verlieren vielleicht sogar Ihren Job. Im dritten Fall passen Sie sich der Veränderung an, ändern hier und da selbst ein wenig. Die Routine, die Ihnen Sicherheit gibt, setzt mit der Zeit wieder ein. Im letzten Fall packen Sie die Veränderung am Schopfe, suchen Ihren persönlichen Nutzen und geben Ihrer beruflichen oder privaten Karriere einen großen Schub nach vorne.

Eine kleine Übung

Wie können wir uns mit Veränderungen arrangieren? Hierzu können Sie die folgende Übung nutzen: Auf welcher Seite des Handgelenks tragen Sie Ihre Uhr? Bitte nehmen Sie jetzt einmal die Armbanduhr ab und binden Sie sie um das andere Handgelenk. (Diejenigen, die keine Uhr tragen, können diese Übung mit ihrem Armband oder Ring durchführen.) Schließen Sie bitte die Augen und spüren Sie nach, was für ein Gefühl diese „Veränderung“ in Ihnen hervorruft. Ungewohnt? Es drückt? Juckt, reibt, kneift ...

Tragen Sie die Uhr (das Armband, den Ring) bitte einen Tag oder – wer mag – auch eine ganze Woche auf dieser für Sie neuen Seite. Was glauben Sie, was passiert? Richtig! Sie gewöhnen sich an diese neue Situation, sie wird Routine. Die Unsicherheit ist verschwunden. Sie sind wieder „Herr der Lage".

Ähnlich verhält es sich mit den Veränderungen im Unternehmen. Stellen Sie sich zwei entscheidende Fragen:

1. „Was ist das Schlimmste, was mir durch die Veränderung passieren kann?" Diese „Worst Case"-Vorstellung macht uns deutlich, dass das Horrorszenario, welches uns häufig im Kopf haftet, vielfach gar nicht so horrorhaft ist. Selbst wenn der Worst Case die Kündigung ist, so ist dies natürlich eine schlimme Vorstellung. In den wenigsten Fällen kommt es jedoch dazu. Und wenn doch, schauen Sie doch einmal in Ihre Vergangenheit. Haben Sie schon einmal den Job gewechselt, egal ob gewollt oder nicht gewollt? Wenn ja, haben Sie sich im Nachhinein verschlechtert oder eher verbessert? Halten Sie nicht zu lange an diesem Gedanken fest. Es geht in erster Linie darum, anzuerkennen dass der schlimmste Fall eintreten kann. Je mehr Sie Ihren Fokus auf das konzentrieren, was Ihnen Positives widerfahren kann, desto größer ist die Chance, dass dieser Fall auch eintritt.
2. „Was ist das Beste, was mir passieren kann? Welche Chancen bieten sich? Wie kann ich die Veränderung

für mich und meine Zukunft nutzen?“ Nutzen Sie diese Ideen, um die Veränderung in Richtung Erfolg zu lenken. Werden Sie zum Chancendenker.

- ***Wir neigen zum Sicherheitsdenken. Das, was lange gut lief, wird ungern verändert.***
- ***Seit Jahrtausenden leben wir mit dem Wandel. Unser Leben wird bestimmt durch gesellschaftlichen, technischen, ökonomischen und ökologischen Wandel.***
- ***Wir können uns nicht nicht verändern. Obwohl wir im Privatleben häufig bewusst und unbewusst Veränderungen erleben, lehnen wir sie im Beruf ab.***
- ***Es gibt vier Arten, mit Veränderungen umzugehen:***
  1. rigorose Ablehnung
  2. abwarten, was passiert
  3. sich mit der Veränderung arrangieren
  3. Veränderungen als Chance sehen und nutzen

30 MINUTEN

2. Die Angst vor Veränderungen

Weshalb machen uns Veränderungen Angst? Das größte Hemmnis aller Veränderungen ist Angst. Die Angst vor dem allerschlimmsten Fall, die Angst vor dem Verlust von Ansehen und Wertschätzung, vor dem Versagen, vor der finanziellen Unsicherheit und der Unsicherheit überhaupt. Es gibt noch viele weitere Gründe, weshalb wir vor Veränderung Angst haben. Letztlich geht es alleine darum, dass wir Bedrohungen vermuten, denen wir uns nicht gewachsen fühlen.

2.1 Weshalb machen uns Veränderungen Angst?

Die Ursache für die Angst liegt in unserem Stammhirn und geht in die Entwicklungsgeschichte zurück. Dieser Teil des Stammhirns erfüllt eine Schutzfunktion und entschied früher im Bruchteil einer Sekunde über Flucht, Erstarrung oder Kampf. Wir nehmen diesen „Prüfprozess" nicht wahr, da er im Unterbewusstsein stattfindet. Über die Situation erst nachzudenken, würde zu viel Zeit kosten. Das jahrtausendealte Verhaltensmuster wurde von Generation zu Generation weitergegeben und ist daher auch heute noch vorhanden. C. G. Jung nannte es das kollektive Unbewusste. Angst an sich ist ein überlebenswichtiges Gefühl. Sie ist die Intuition, die uns hilft, in Situationen aufmerksamer zu sein, in denen wir uns noch nicht sicher fühlen.

Die Angst vor Neuem zeichnet sich dadurch aus, dass wir nicht wissen, was in Zukunft passieren wird. Mit dem Altbewährten kennen wir uns aus, fühlen uns sicher. Der sicherheitsorientierte Mensch liebt Gewohnheiten. Fehler sind eher unwahrscheinlich. Das Neue wirkt bedrohlich, da wir nicht wissen, ob unsere bewährten Handlungsmuster greifen. Veränderungen bedingen, sich dieser Ur-Angst bewusst zu sein. Immerhin hängt vom „Prüfprozess" unser weiteres Handeln ab. Versuchen Sie also nicht, die Angst zu ignorieren. Nehmen Sie sie ernst.

Die Ursache für Angst liegt in unserem Stammhirn verankert. Sie ist Teil unserer Entwicklungsgeschichte. Als Schutzfunktion entscheidet sie über Flucht, Erstarrung oder Kampf. 30

2.2 Zu lange gewartet!

Viele Menschen neigen dazu, auf Veränderungen lediglich zu reagieren. Dahinter stehen häufig Aussagen wie „Was kann ich schon tun?" oder „Daran kann ich sowieso nichts ändern". Diese Menschen werden zum Spielball ihrer Umwelt, zu Marionetten.

Wir sprechen hier von den unterschiedlichen Motivationsstrategien des Menschen und unterscheiden proaktive und reaktive Personen. Proaktive entscheiden selbst und gehen die Dinge bewusst an. Ihre Entscheidungsmuster sind häufig internal, sie definieren dann ihre eigenen Maßstäbe und bestimmen ihren Lebensweg selbst. Reaktive Menschen sind abwartend, zögernd und überlassen anderen die Entscheidung. Die dann häufig externalen Entscheidungsmuster führen dazu, dass diese Personen nach Wegweisern und Anleitungen bei anderen suchen.

Was bedeutet dies in Bezug auf die Veränderungen? Reaktiv orientierte Menschen warten ab und werden von den Veränderungen überrollt (siehe auch Kapitel

1.4). Sie lassen sich von ihren Ängsten gefangen nehmen, geben sich mit den Tatsachen zufrieden und lassen andere über ihr Leben entscheiden. Die Veränderung verändert sie, ob sie wollen oder nicht.

Ein Beispiel: Ihr Unternehmen richtet sich internationaler aus. Es kommen zunehmend mehr ausländische Kunden hinzu, mit denen Sie kommunizieren müssen. Ihre Englischkenntnisse liegen jedoch auf Schulniveau. Angst steigt in Ihnen auf. Die Angst lähmt Sie. Ihre mögliche Reaktion: Sie geben die Telefonate mit ausländischen Kunden an Ihren Kollegen weiter, E-Mails lassen Sie von ihm übersetzen. Sie konzentrieren sich weiterhin ausschließlich auf deutsche Kunden. Was glauben Sie, wird die Konsequenz sein?

Zählen Sie sich zu den proaktiven oder zu den reaktiven Menschen? Lassen Sie andere über Ihr Leben bestimmen oder bestimmen Sie selbst den Kurs? Nehmen Sie sich eine Minute Zeit, über diese Frage nachzudenken.

JETZT!

Jeder handelt aufgrund unterschiedlicher Motivationsstrategien. Proaktive Personen entscheiden selbstständig. Reaktive Menschen überlassen häufig anderen die Entscheidung und werden von Veränderungen überrollt.

2.3 Glaubenssätze als Veränderungsblockierer

Der Glaube versetzt Berge. Diese alte Weisheit ist uns allen bekannt. Und tatsächlich hat der Glaube eine unheimliche Macht. Wenn wir ganz fest an bestimmte Dinge glauben, dann passieren diese auch. Man nennt dieses Phänomen auch: „self-fulfilling prophecy", die sich selbst erfüllende Prophezeiung. Nehmen wir zum Beispiel: Unzufriedenheit im Job. Sie fühlen sich unfähig und überlegen, den Job zu wechseln, um wieder mehr Spaß an der Arbeit zu haben. Doch wie häufig erlebe ich in Gesprächen mit Coaching-Teilnehmern, dass es bei dieser Überlegung bleibt. Die Angst hat gesiegt. Fragen kommen auf: „Kann ich es mir in dieser wirtschaftlichen Situation überhaupt erlauben, den Job zu wechseln?", „Werde ich den neuen Job meistern können?", „Wird der neue Job besser sein als der alte oder bin ich dort nicht genauso unzufrieden?" usw.

Die Angst siegt über den Mut. Sie lassen es bleiben, den Job zu wechseln, und sagen sich: „Ich bin ja eh unfähig, was soll's?" Der Kreis schließt sich. Zu Ihrer anfänglichen Job-Unzufriedenheit kommt eine weitere Unzufriedenheit über die Unfähigkeit bzw. die Mutlosigkeit, den Job zu wechseln.

Der Glaubenssatz, der hinter dieser Geschichte steht, heißt: „Ich bin unfähig, einen guten Job zu machen."

oder „Was ich auch mache, es wird nicht besser". Sie ertappen sich in der Folge bei irgendwelchen Fehlern und selbstverständlich wird es auch keine Erfolge geben. Die lässt Ihr Glaubenssatz ja nicht zu. Es gibt viele dieser Glaubenssätze. Eine Menge davon beginnen mit „Ich kann nicht..." und verhindern so, dass wir Neues beginnen und froh und erfolgreich werden.

Denken Sie an die Hummel. Sie hat eine Flügelfläche von 0,7 Quadratzentimetern bei einem Gewicht von 1,2 Gramm. Nach den Gesetzen der Aerodynamik kann die Hummel gar nicht fliegen. Größe, Gewicht und Form ihres Körpers – im Verhältnis zur Spannweite ihrer Flügel – machen ihr das Fliegen unmöglich. Da sich die Hummel dieser wissenschaftlichen Tatsache jedoch nicht bewusst ist, fliegt sie einfach!

Die eigenen negativen Glaubenssätze zu erkennen und gezielt zu ändern, ist eine der wichtigsten Aufgaben für Ihre persönliche Entwicklung. Gerade und vor allem in Bezug auf Veränderungen. Ich selbst war 30 Jahre lang davon überzeugt, nicht malen zu können. In der Schule wurden meine kleinen Kunstwerke vom Lehrer in den meisten Fällen mit einer 4 benotet. Damit schaffte es mein Lehrer, dass ich bereits in früher Kindheit einen Glaubenssatz entwickelte: Ich kann nicht malen! Zum Glück begegnete mir später jemand, der mir hartnäckig zu verstehen gab, dass dies ein Irrglaube sei, und ich solle es doch einfach mal probieren. Um diese Person nicht zu enttäuschen, probierte ich es einfach aus. Ich kaufte mir zunächst Kindermalfarbe und malte mein erstes Bild. Es sah auch tatsächlich ein wenig aus wie ein Kinderbild. Also kaufte ich mir Ölfarbe und eine Leinwand, nahm mir ein Urlaubsfoto, welches mir viel bedeutete und fing erneut an zu malen. An diesem Bild saß ich zwei Monate. Heute zieren viele von mir selbst gemalte Bilder meine Wohnung. Doch das erste Ölgemälde ist das, welches auch heute noch die meiste Aufmerksamkeit erregt. Im positiven Sinne! Fragen Sie sich also:

- Welche Glaubenssätze gibt es in meinem Leben, die mich in meiner Entwicklung behindern, die mich begrenzen?
- Was kann ich tun, um diese Glaubenssätze zu verändern und positiv zu nutzen?

Eine Übung
Notieren Sie sich je einen dieser Glaubenssätze auf einem Blatt Papier. Streichen Sie dann diesen Glaubenssatz dick durch und schreiben Sie darunter einen ähnlichen, jedoch positiven Satz. Ein Beispiel: „Ich muss perfekt sein." (Übrigens einer der am weit verbreitetsten Glaubenssätze). Dieser Satz führt dazu, dass Sie ständig bestrebt sind, den Erwartungen anderer gerecht zu werden, sich beweisen zu müssen. So stehen Sie ständig unter Druck. Umgeschrieben könnte der Satz folgendermaßen lauten: „Ich bin gut und leiste gute Arbeit." oder „Ich mache das so gut

wie möglich". Damit nehmen Sie den Druck aus der Aussage. Probieren Sie es aus! Schreiben Sie Ihre Glaubenssätze um. Am besten jetzt gleich.

Noch ein Tipp

Formulieren Sie die neuen Sätze grundsätzlich positiv. Ihr Gehirn kennt keine Negierungen. Bei der Aussage „Ich muss nicht perfekt sein" muss sich Ihr Gehirn erst einmal vorstellen, wie es ist, perfekt zu sein, bevor es darangehen kann, nicht perfekt sein zu wollen. Wahrscheinlich kennen Sie den Satz: „Denke bitte einmal nicht an einen rosa Elefanten mit grünen Punkten." Sofort konstruiert Ihr Gehirn das Bild des rosa Elefanten, obwohl Sie doch nicht daran denken sollten. Das funktioniert nicht.

Auch ein MUSS verleitet Sie erneut dazu, etwas unter Zwang tun zu wollen. Und zuletzt: Formulieren Sie Ich-Botschaften. Denn SIE wollen doch etwas tun, oder?

Veränderung des negativen Glaubenssatzes

Diese Übung basiert auf den Erkenntnissen der Quantenphysik – der Erkenntnis, dass die Energien unserer Handlungen, Emotionen und Denkgewohnheiten in dem uns umgebenden Energiefeld, dem sogenannten Quantenhologramm, gespeichert sind.
Überlegen Sie sich, welchen der Glaubenssätze, die Sie gerade aufgeschrieben haben, verändern wollen. Schließen Sie Ihre Augen. Erspüren Sie Ihr Energiefeld, das um Sie herum ist. Das mag gegebenenfalls eine

Weile dauern, weil es für Sie ungewohnt sein mag. Vielleicht nehmen Sie ein Vibrieren wahr oder sehen sogar etwas vor ihrem inneren Auge, vielleicht haben Sie auch nur eine vage Ahnung. Sobald Sie es wahrnehmen können, erspüren Sie, wo in Ihrem Energiefeld Sie den negativen Glaubenssatz entdecken. Irgendwo darin ist die Schwingung hierfür gespeichert. Vielleicht brauchen Sie einen Augenblick, weil es für Sie ungewohnt ist. Lassen Sie sich genügend Zeit, und folgen Sie Ihrer Intuition. Sie weiß, wo die Schwingung zu finden ist. Erfühlen Sie als Nächstes, wo im Feld Sie die Energie des neuen, positiven Glaubenssatzes wahrnehmen. Wenn Sie ihn gefunden haben, machen Sie Folgendes: Nehmen Sie mit der einen Hand ganz bewusst den limitierenden Glaubenssatz aus Ihrem Energiefeld heraus, und schmeißen Sie ihn weit weg von sich auf den Boden. Nehmen Sie direkt im Anschluss Ihren neuen positiven Glaubenssatz, und setzen Sie ihn an die Position, wo eben noch der negative war. Spüren Sie dann nach, was sich verändert hat.

Das war es schon. Zu einfach, denken Sie? Ich kann Ihnen auch eine sehr komplizierte Übung vorstellen, bei der Sie 81 Schritte durchlaufen müssen. Doch so einfach geht es nun mal eben in der heutigen Zeit. Im Anschluss können Sie testen, wie gut die Übung funktioniert hat, indem Sie sich vorstellen, wie Sie in der Zukunft in eine Situation kommen, in der Ihnen Ihr alter Glaubenssatz normalerweise hinderlich gewesen wäre. Wie fühlt er sich an: eher limitierend oder eher förderlich? Anhand dieses Gefühls erkennen Sie, ob sich gerade etwas verändert hat. Es kann auch sein, dass Sie für den ehemaligen Glaubenssatz gar kein Gefühl mehr entwickeln können, weil er verschwunden ist. Das habe ich in meiner Praxis sehr oft erlebt. Ist das Gefühl noch wie zuvor negativ, oder haben Sie den Eindruck, dass die Wirkung der Übung noch nicht ausreicht, dann wiederholen Sie die Übung ruhig noch einmal. Das Ergebnis sollte so sein, dass sich die visualisierte Situation für Sie in der Zukunft nicht mehr hinderlich, sondern positiv anfühlt.

30 *Der Glaube an etwas ist sehr stark und beeinflusst unser Leben. Negative Glaubenssätze hindern uns in vielen Fällen an unserem Fortkommen. „Ich kann nicht ..." bedeutet in den wenigsten Fällen eine absolute Unmöglichkeit. Es gilt, Glaubenssätze positiv umzuformulieren und ins Handeln zu kommen.*

2.4 Die Angst überwinden

Gerade haben Sie gelernt, wie es ist, Glaubenssätze zu verändern. Jetzt geht es darum, die Angst zu überwinden, sie zu kanalisieren. Die Veränderung der Glaubenssätze wird Sie mutiger machen, Ihr Leben deutlich vereinfachen. Doch die Angst wird deswegen nicht verschwinden. Wie lässt sich die Angst weiter mindern? Den ersten Schritt zur Kanalisierung der Angst sind Sie bereits gegangen, weil es Ihnen bewusst ist. Wenn Sie beginnen, die Angst vor der Veränderung zu akzeptieren, haben Sie bereits begonnen, sie abzubauen.

Angst löst einen Schock aus, der Rationalität und Intellekt zunächst einmal ausschaltet. Handlungsfähig sind Sie erst dann wieder, wenn das Unterbewusstsein sich für eine Reaktion entschieden hat.

Wie lässt sich die Reaktion nun beeinflussen? Sie können das Stammhirn überlisten, indem Sie entsprechende Strategien bereitstellen. Durch Üben gewöhnt sich Ihr Unterbewusstsein daran, nicht mit Angst und Unsicherheit, sondern mit Neugier an die neue Situation heranzugehen.

Mit der folgenden Übung können Sie der Angst sehr gut entgegenwirken:

Visualisierungsübung „Positive Veränderung"
Erinnern Sie sich bitte einmal an eine positive Veränderung aus Ihrer Vergangenheit. Eine Veränderung, aus der Sie mit Erfolg hervorgegangen sind. Ganz egal, ob es sich um den Umzug in eine neue Stadt handelt, den Beginn eines neuen Jobs oder was auch immer.

Jetzt stellen Sie sich vor, Sie säßen alleine in einem Kino in der ersten Reihe. Vor Ihnen läuft gerade der Film über Ihre positive Veränderung ab. Bitte lassen Sie diesen Film (oder ist es vielleicht nur ein Bild?) bis zu dem Zeitpunkt laufen, an dem die Erinnerung am positivsten ist. Halten Sie dann den Film an und lassen Sie ihn als Standbild stehen. Was sehen Sie in diesem Moment? Was hören Sie? Und: Was spüren Sie? Wie ist dieses Gefühl, wo genau in Ihrem Körper befindet es sich? Gehen Sie diesem Gefühl nach und genießen Sie es bis zu seinem Höhepunkt. Behalten Sie das Bild vor Augen, bis es sich richtig einbrennt. Wiederholen Sie diese Übung ein paar Mal. Sie werden bemerken, dass Sie sich irgendwann nur noch das angehaltene Bild vorstellen müssen, um in dieses gute Gefühl zu kommen.

Eine weitere, einfache Möglichkeit, mit Angst umzugehen, sind Entspannungsübungen. Diese helfen, Gelassenheit, Vertrauen und innere Sicherheit zu entwickeln. Wichtig ist, dass Sie diese regelmäßig durchführen.

- ***Angst ist im Stammhirn verankert. Sie ist eine Schutzfunktion, um erhöhte Aufmerksamkeit zu gewährleisten.***
- ***Menschliches Handeln ist durch unterschiedliche Motivationsstrategien geprägt. Proaktive Menschen handeln eigenständig, während reaktive häufig anderen die Entscheidung überlassen.***
- ***Negative Glaubenssätze behindern das Fortkommen und somit die Veränderungsbereitschaft.***
- ***Die Reaktion des Stammhirns lässt sich mittels Strategien und Übungen verändern. Gedankliche Visualisierungen unterstützen hierbei. Entspannungsübungen helfen, Gelassenheit, Vertrauen und innere Sicherheit zu entwickeln.***

30 MINUTEN

3. Mit Widerständen leben

„Auch aus Steinen, die dir in den Weg gelegt werden, kannst du etwas Schönes bauen."

(Erich Kästner)

Sie haben gelernt, die Angst vor Veränderung zu kanalisieren, und damit begonnen, diese zu überwinden. Ein großer Schritt in die Richtung, Veränderungen erfolgreich zu begegnen. Doch werden Sie auf dem Weg der Veränderung auf Stolpersteine stoßen, die links und rechts am Wegesrand liegen. Da gibt es einmal Ihr Umfeld, welches nicht mehr das gleiche sein wird. Es gibt Menschen in Ihrem Umfeld, die Ihre Veränderung nicht so einfach akzeptieren. Sie stoßen auf Situationen, in denen Ihr „altes" Leben sich bemerkbar macht und Sie wieder zurückholen möchte.

3.1 Vom Umgang mit Ihrem Umfeld

Ihre Entscheidung ist klar: Sie wollen die Veränderung aktiv angehen. Sie sind fest entschlossen. Ihr Ziel vor Augen, steuern Sie in den neuen Hafen. Doch denken Sie daran, von Ihrer Veränderung sind im Regelfall nicht nur Sie betroffen. Es gibt eine Menge Menschen, die an Ihrer Veränderung teilhaben. Wenn Sie einfach losstürmen, kann dies Ihr Umfeld schnell überfordern. Gehen Sie nicht davon aus, dass alle um Sie herum Ihnen sofort Glückwünsche entgegenbringen. Die Angst vor Veränderungen entsteht häufig auch bei den anderen. Wenn Sie beispielsweise beschließen, Ihrer Karriere einen Schub zu geben, bedeutet dies noch lange nicht, dass Ihr Partner Sie sofort dabei unterstützt. Ihre Entschlossenheit, der depressiven Phase zu entfliehen und wieder Spaß und Freude am Leben zu haben, wird Ihre Bekannten, die es gewohnt sind, mit Ihnen über Probleme zu reden, nicht gerade begeistern.

Veränderungen ziehen im Regelfall eine ganze Kette von Veränderungen nach sich. Seien Sie sich dessen bewusst.

Ein Beispiel:
Frau Schulze entscheidet sich, in Zukunft gesünder zu leben. Wie sieht die Kette der Veränderungen aus?

1. Zweimal pro Woche ins Fitness-Studio.
2. Ab sofort mit dem Fahrrad zur Arbeit fahren.
3. Dadurch 15 Minuten früher aufstehen.
4. Ab sofort gesünder essen. Das heißt Umstellung des gesamten Essverhaltens.
5. Die Kosten für das Essen erhöhen sich.
6. Bleibt der Partner bei seinen Essgewohnheiten, könnten hier Konflikte auftreten. (Was wird gekocht usw.)
7. Der Partner macht sich abends ein dicke Pizza. Können Sie widerstehen?
8. Durch das gesündere Leben verändert sich Ihre Figur. Das heißt, Sie benötigen neue Kleidung.
9. Es entsteht Neid bei Bekannten und Freunden.
10. Sie lernen beim Sport neue Leute kennen, mit denen Sie auch gerne etwas unternehmen. Wie reagiert Ihr Partner?

Diese Kette ließe sich noch unendlich verlängern. Was ich damit ausdrücken möchte: Sie sollten sich dessen bewusst sein, was Ihre Veränderung bewirkt. Wenn Sie mit Hilfe der Veränderung eine Verbesserung für sich erreichen, so hat dies nicht nur positive Konsequenzen. Doch wenn Sie sich folgende Fragen beantworten, sind Sie auf die Konsequenzen entsprechend gut vorbereitet:

- Wie könnte meine Kette der Veränderung aussehen?
- Welche Personen sind in dieser Kette enthalten?
- Wie könnten diese Personen reagieren?

- Wen gewinne ich ganz klar als Fürsprecher meiner Veränderung? Das heißt, wer unterstützt mich dabei?
- Wie stehe ich selbst zu den Folgen der Veränderung?
- Will ich mit diesen Folgen leben?

Wenn Sie Ihre Veränderung wirklich wollen, können Ihnen Konsequenzen nichts anhaben.

30 *Von Ihrer Veränderung sind nicht nur Sie betroffen. Veränderungen ziehen im Regelfall eine ganze Kette von Veränderungen nach sich. Beachten Sie diese Kette. Veränderungen haben sowohl positive als auch negative Konsequenzen. Wollen Sie mit diesen Folgen leben?*

3.2 Ihr Umfeld hätte gern die alte Person zurück

Bei einigen meiner Coachings sagen mir meine Gesprächspartner: „Ich habe mich fest dazu entschlossen, Veränderungen aktiv aufzugreifen und mein Leben zu verändern, doch versucht mich mein Umfeld immer wieder von diesem Weg abzubringen. Was kann ich dagegen tun?“ So wie andere Menschen selten nachempfinden können, wie Sie einen bestimmten Schmerz empfinden (es sei denn, der andere hat diesen Schmerz selbst schon einmal gespürt), genauso wenig können die Menschen Ihre Motivation für Ihre Veränderungslust nachempfinden. Sie leben ja in einer anderen Welt. Hinzu kommt die Angst des anderen, einen lieb gewonnenen Menschen zu „verlieren“. Einen Menschen, der nicht mehr in seine Welt (des Denkens) passt.

Sicher kennen Sie folgende Situation: Sie kommen von einem Seminar zurück an Ihren Arbeitsplatz, sprühen vor Elan und Tatendrang, Ihren Arbeitsalltag zu verändern, und erzählen Ihren Kollegen mit Begeisterung von den Dingen, die Sie gelernt haben. Doch die Reaktion Ihrer Kollegen ist eher verhalten. Vielleicht denken diese sich noch: „Ja ja, lass ihn nur mal reden, ab Montag ist eh wieder alles beim Alten.“ Auch hier können Ihre Kollegen die Motivation, die Sie mitbringen, nicht nachvollziehen.

Um jetzt nicht aus der Bahn geworfen zu werden, ist es wichtig, dass Sie weiter fest an das glauben, was Sie verändern wollen. Halten Sie sich Ihre Ziele sowie den Erfolg vor Augen, der dahinter steckt. Erinnern Sie sich an die Übung aus Kapitel 2.4 und holen Sie sich Ihr Bild der positiven Veränderung vor Ihr inneres Auge. Spüren Sie, wie die Lust auf Veränderung wiederkommt? Immer dann, wenn Sie jemand von Ihrem neuen Weg abbringen will, erinnern Sie sich an IHR Bild. Im letzten Kapitel werden Sie eine weitere Übung kennen lernen, wie Sie Ihr Ziel klar vor Augen behalten werden.

Nehmen Sie sich die Zeit, Ihre Familie, Freunde, Bekannten oder Kollegen in Ihre neue Welt einzuweihen. Zeigen Sie all die positiven Seiten auf, die Ihre Veränderung bewirken wird – oder bereits bewirkt hat. Machen Sie mögliche „Widersacher" zu Weggefährten. Gehen Sie das Ganze ruhig an, „überfallen" Sie niemanden, aber bleiben Sie „dran". Erzählen Sie von Ihren Erfolgen, die Sie auf dem Weg erzielen. Und erzählen Sie auch ruhig von den Schwierigkeiten, damit Sie glaubhaft bleiben. Das Haar in der Suppe werden Ihre Widersacher natürlich suchen. Erfolg zu haben bedeutet immer auch, Neider zu haben. Wichtig ist dann zu zeigen, dass Sie weiterhin am Ball bleiben. Letztendlich heißt es auch diejenigen loszulassen, die Ihren Weg nicht teilen. Es kann sein, dass Sie bestimmte Menschen „verlieren"; diejenigen, die Ihre Veränderung nicht akzeptieren. Das kann weh tun. Vor allem, wenn es sich um Ihr enges Umfeld handelt. Doch werden Sie später feststellen, dass Sie mit diesen Menschen dann sowieso nicht mehr klargekommen wären. Das ist wie mit der alten Jeanshose, die Sie immer gern anhatten, doch die einfach nicht mehr passt. Der Entschluss, sie in die Altkleidersammlung zu geben, befreit und schafft Platz für eine neue Hose.

Und wie ist es mit Ihren Kollegen, die Sie nicht einfach austauschen können? Oder mit Ihrem Chef? Akzeptieren Sie, dass nicht jeder Ihr Ziel mitverfolgen wird. Arrangieren Sie sich mit dieser Situation. Nicht jeder lässt sich überzeugen. Doch behalten Sie Ihr Ziel immer vor Augen. Verfolgen Sie es weiter, so gut es geht. Wenn die Blockade zu stark ist, bedeutet das vielleicht, dass der aktuelle Hafen für Ihr Schiff nicht der richtige ist. Sie werden in diesem Moment keinen neuen Hafen bauen können. Doch liegt es letztlich an Ihnen, die Segel zu setzen und einen neuen Hafen anzusteuern.

Überfordern Sie Ihr Umfeld nicht. Gehen Sie behutsam vor. Nicht jeder wird Ihre Veränderung unterstützen. Akzeptieren Sie, dass es gegenteilige Meinungen gibt. Immerhin möchte Ihr Umfeld die „alte" Person nicht verlieren. Behalten Sie dazu Ihr Ziel immer vor Augen. Nutzen Sie die Visualisierungsübung aus Kapitel 2.4 oder die Zielübung aus Kapitel 5.4. Loslassen bedeutet zu akzeptieren, dass Sie auch Menschen hinter sich lassen werden.

3.3 Wenn sich das alte Verhalten zurückmeldet

Kennen Sie den inneren Schweinehund? Kennen Sie IHREN inneren Schweinehund? Er ist es, der uns häufig von unserem neuen Weg wieder abbringen möchte. Er ist es, der immer an die Tür klopft, wenn wir uns unseres Weges nicht mehr so sicher sind. Wenn – wie oben beschrieben – Ihre „Widersacher" ans Werk gehen.

Dann kommt der innere Schweinehund und fragt: „Bist du sicher, dass das der richtige Weg ist? War es früher nicht viel besser? Schau mal, schon wieder eine Schwierigkeit!“ usw. Der innere Schweinehund will nur eines. Uns an unserem Ziel zweifeln lassen. Möchten Sie das zulassen? Sicher nicht, doch wird er kommen, der kleine Kerl, und Sie abbringen wollen von Ihrem Weg. Er bringt einen Expander an Ihrem Rücken an und wartet ab, bis die Spannung groß genug ist, dass sie Sie zurückzieht. Zurück in das alte und bekannte Muster, Ihren alten Weg.

Vielfach ist es gar nicht so einfach, diesen Expander wieder loszuwerden. Der kleine Kerl hat daran viele süße Versuchungen befestigt, die es Ihnen erleichtern sollen zurückzukehren. Da kommen all die guten Gefühle wieder hoch, die Sie von früher kennen.

Was tun? Ähnlich wie bei Hänsel und Gretel gilt es, diesen süßen Versuchungen zu widerstehen. Nutzen Sie dazu Ihre Visualisierungsübung aus Kapitel 2.4. Oder die Zielübung aus Kapitel 5.4. Ebenfalls hilfreich ist beispielsweise die folgende Akzeptanzübung. Sie besteht aus drei Sätzen: „Hallo altes Muster, es ist schön, dass du dich mal wieder meldest. Es war schön mit dir, doch gehe ich jetzt einen neuen Weg, wo ich dich nicht mehr benötige. Du darfst also wieder in den Keller der Vergangenheit zurückkehren.“

Vielen fällt das Loslassen sehr schwer. Da ist es gut zu wissen, dass die alten Dinge nicht verloren gegangen sind. In Ihrem Keller der Vergangenheit sind alle Erlebnisse vorhanden, die Sie in Ihrem Leben hatten. Die guten haben einen Schlüssel, um die Kellertür zu öffnen, damit sie dann hochkommen, wenn Sie diese benötigen. Die schlechten stehlen sich ab und zu einmal diesen Schlüssel. Nehmen Sie ihnen diesen wieder ab und führen Sie die schlechten Erlebnisse zurück in den Keller.

Wie sagt Dr. Richard Bandler so schön: „Das Gute an der Vergangenheit ist, dass sie vergangen ist!" Akzeptieren Sie Ihre Vergangenheit, doch belassen Sie diese auch dort.

- ***Veränderungen betreffen im Regelfall nicht nur Sie allein. Beachten Sie die Folgeveränderungen in Ihrem Umfeld.*** 30
- ***Gehen Sie bei Ihren Veränderungen behutsam mit Ihrem Umfeld vor. Seien Sie davor gewappnet, dass Ihr Umfeld gerne die alte Person behalten möchte.***
- ***Ihr innerer Schweinehund weiß, dass Sie zu Beginn Ihrer Veränderung labil sind, und wird Ihr altes Verhalten des Öfteren an die Tür klopfen lassen. Akzeptieren Sie dies, doch hören Sie nicht darauf. Schicken Sie es dahin zurück, wo es herkommt; in die Vergangenheit.***

30 MINUTEN

4. Das Abenteuer wagen

Sie haben sich entschlossen, in das Abenteuer einzusteigen!? Sie möchten die Veränderung aktiv und für sich als Chance nutzen!? Herzlichen Glückwunsch! Willkommen auf dem Weg der Verbesserung.

Damit Sie wissen, wie in der Regel ein persönlicher Veränderungsprozess abläuft, lernen Sie im nächsten Schritt die „Veränderungskurve" kennen. Diese beschreibt die unterschiedlichen Phasen einer Veränderung.

4.1 Die Veränderungskurve: Ein 5-Phasen-Modell

Egal, ob eine Veränderung unerwartet auf uns einbricht (z. B. durch eine Kündigung oder den Tod eines Menschen) oder ob wir einen Veränderungsprozess aktiv einleiten wollen: Im Regelfall durchläuft dieser Prozess fünf Phasen. Der Unterschied zwischen der unerwarteten und der erwarteten Veränderung liegt lediglich in der Länge der einzelnen Phasen. Im ersten Fall dauern die ersten drei Phasen deutlich länger an, während sie im zweiten Fall relativ schnell zur vierten Phase übergehen. Je komplexer jedoch der Veränderungsprozess, desto schwieriger ist es, die einzelnen Phasen zu erkennen. Daher ist es wichtig, sich ausführlich mit der Veränderungskurve zu beschäftigen.

Die folgende Grafik zeigt Ihnen, wie die Veränderungskurve verläuft und welche Phasen sie beinhaltet.

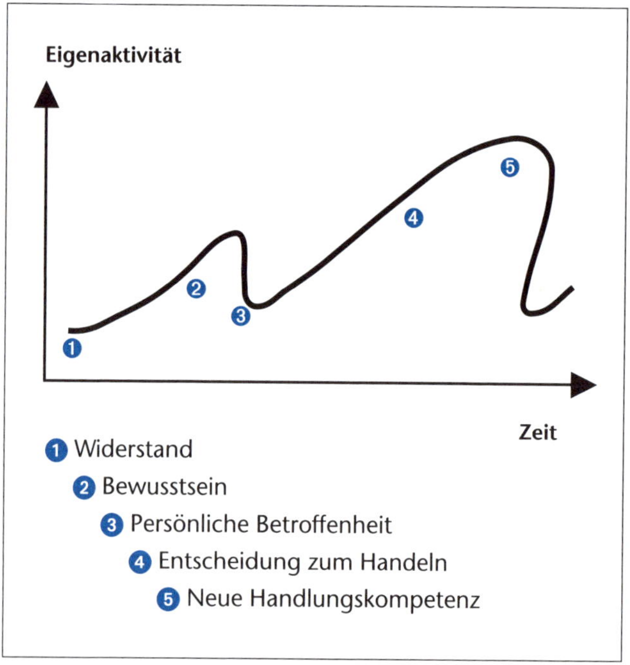

Phase 1: Widerstand

Die erste Reaktion auf eine Veränderung ist meistens Schock und Verwirrung. Sie werden mit dem Unerwarteten konfrontiert.

Nehmen wir als Beispiel das Ende einer Beziehung. In dem Moment, in dem Ihr Partner die Beziehung unerwartet beendet, sind Sie geschockt, können die Situation gar nicht fassen, sind wie gelähmt und schier sprachlos.

Woran liegt das? Die Ursache liegt – wie bereits in Kapitel 2 angesprochen – in unserem Stammhirn und geht in die Entwicklungsgeschichte zurück. Das ist der Grund, warum einige Menschen sich in solchen Situationen zurückziehen oder andere aufbrausend werden und ihr Gegenüber vielleicht sogar beschimpfen. Aggressivität ist häufig eine Schutzfunktion davor, Ängste offen zu zeigen.

Die Folge solcher Situationen ist Widerstand. Ob Rückzug oder Kampf: Wir wehren die Veränderung ab.

Phase 2: Bewusstsein

Wenn der erste Schock, die Verwirrung überwunden ist, fangen wir im Regelfall an, uns mit der neuen Situation zu beschäftigen. Wir machen uns die Veränderung bewusst. Oftmals beginnt die Bewusstseinsphase mit der Verneinung: „Das kann doch gar nicht wahr sein. Wo doch alles so gut lief. Wer ist die andere?" Wir reden uns ein, die Situation schnell in den Griff zu bekommen und den alten Zustand in Kürze wieder herstellen zu können: „Das meint er bestimmt nicht ernst. Er überlegt sich das noch mal." Nachdem wir feststellen, dass sich der alte Zustand nicht wieder herstellen lässt, fangen wir an zu begreifen, dass sich etwas verändert hat. Jetzt beginnen die so genannten „Jaaber-Schleifen": „Das wird schon wieder. Alleinsein ist doch auch ganz nett. Aber was soll ich alleine mit mir anfangen?"

Das heißt: Wir wissen zwar, dass wir uns mit der Veränderung abfinden müssen, doch wir wollen die Konsequenzen nicht wahrhaben. Wir hängen noch zu sehr am alten Zustand, als dass wir uns schon tatkräftig mit dem neuen beschäftigen.

Die Eigenaktivität in der Veränderungskurve steigt, weil wir anfangen, uns mit der Veränderung zu befassen.

Phase 3: Persönliche Betroffenheit

Diese Phase ist sozusagen die Übergangsphase zwischen dem Klammern an der Vergangenheit und dem Loslassen und Annehmen des Neuen. Sie wird auch als das „Tal der Tränen" bezeichnet, da hier der Schmerz am größten ist. Wir haben noch einmal alles versucht, um Herr der Lage zu werden und den alten Zustand zu retten. Doch hat alles nichts gebracht. Je komplexer der Veränderungsprozess, desto schmerzvoller Phase 3. Den Urlaubsflieger zu verpassen lässt sich sicher einfacher verkraften als das Ende einer Beziehung. Doch ist gerade diese Phase – so schmerzvoll sie auch ist – Voraussetzung für eine erfolgreiche Veränderung. Viele versuchen, diese Phase zu vermeiden. Das führt nur dazu, dass wir uns unendlich lange in Phase 2 aufhalten und nicht zu einer Lösung finden. Auf das Ende der Beziehung bezogen bedeutet dies, dass wir nicht aktiv werden, um uns vermehrt um alte und neue Freundschaften zu kümmern. Die Eigenaktivität sackt stark ab.

Phase 4: Entscheidung zum Handeln

Doch hat das Tal der Tränen in den meisten Fällen zur Folge, dass nach der Überwindung die Aufbruchstimmung umso größer ist. Wir sind frei, das Alte ist Vergangenheit. Wenn wir uns entschlossen haben zu handeln, fangen wir an auszuprobieren und Ideen zu entwickeln. In dieser Experimentierphase ist es wichtig, Fehler zu akzeptieren und zuzulassen. Fehler sind zum Lernen da! Auf das Ende der Beziehung bezogen heißt dies, wir fangen an, Ideen zu entwickeln, wie wir am besten mit der neuen Situation umgehen. „Will ich vielleicht direkt eine neue Partnerschaft eingehen? Ist das Single-Dasein eine Alternative? Wie nutze ich die freie Zeit sinnvoll?“ usw. Das ist die Phase, in der Sie aktiv in den Veränderungsprozess eingreifen und beginnen, diesen selbst zu gestalten.

Phase 5: Neue Handlungskompetenz

Jetzt beginnt der Teil, an dem wir eine Strategie, eine Lösung finden und an deren Umsetzung arbeiten. Wir sammeln Erfahrungen mit der neuen Situation und ändern Verhaltensweisen. Wir empfinden Freude an der neuen Entwicklung und arbeiten verstärkt daran, besser zu werden. Die Eigenaktivität ist an ihrem Höhepunkt angelangt und bleibt so lange erhalten, bis ein neuer Veränderungsprozess einsetzt. Dieser beginnt im Regelfall erneut mit der Phase des Widerstands. Doch werden die ersten drei Phasen immer kürzer, bis wir irgendwann so souverän geworden sind, um direkt bei Phase 4 einzusteigen.

30 *Der Veränderungsprozess durchläuft im Regelfall fünf Phasen, welche sich in einer Veränderungskurve darstellen lassen. Zu Beginn leisten wir Widerstand, werden uns dann langsam der neuen Situation bewusst, um vor der Entscheidung zum Handeln noch einmal das „Tal der Tränen", die persönliche Betroffenheit, zu durchlaufen. Durch die ständige Umsetzung in der neuen Situation erreichen wir letztendlich eine neue Handlungskompetenz. Das Handeln wird zur Routine.*

4.2 Veränderungen als Chance nutzen

Sicherlich kennen Sie den Spruch: „Wenn wir immer das tun, was wir schon immer getan haben, werden wir immer das bekommen, was wir schon immer bekommen haben." Nichts ändert sich!

Sie haben sich dagegen entschieden. Sie nutzen die Chance und packen die Veränderung am Schopfe. Wie lässt sich dieses jetzt am besten umsetzen?

Der erste Schritt

Der Beginn einer Veränderung ist sicherlich der schwierigste. Doch beginnt bekanntlich jede noch so große Veränderung mit einem ersten kleinen Schritt. Wenn Sie beispielsweise planen, etwas für Ihre Work-Life-Balance zu tun und sich mehr Zeit für Ihr Privatleben oder Ihre Familie zu nehmen, dann fangen Sie klein an. Nehmen Sie sich vor, jeden Tag eine halbe Stunde früher Feierabend zu machen. Das geht nicht, meinen Sie? Herzlich willkommen in der ersten Phase der Veränderungskurve! Der Widerstand lockt mit den süßesten Versuchungen.

Konsequenzen beachten

Natürlich müssen Sie mit den Konsequenzen leben, ggf. Aufgaben delegieren oder Ihre Aufgaben genauestens unter die Lupe nehmen. Muss wirklich alles erledigt werden? Studienergebnisse zeigen, dass bis zu 50 % der täglichen Arbeit entweder nicht direkt von Ihnen ausgeführt werden muss oder teilweise sogar gar nicht. Ein Tipp: Lassen Sie die Dinge liegen, die nicht wirklich wichtig sind. Nach einer gewissen Zeit werden Sie feststellen, dass sie nicht so wichtig waren wie anfänglich gedacht.

Ihre Einstellung

Wenn Sie sich wirklich verändern wollen, setzen Sie alle Energien in die Veränderung. Dann werden Sie erfolgreich sein. Nehmen wir an, Sie wollen abnehmen. Wie viel Energie verwenden Sie auf dieses Ziel? Nehmen Sie sich beispielsweise vor, ab „morgen" abends nicht mehr warm zu essen und um spätestens 19 Uhr die letzte Mahlzeit zu sich zu nehmen. Das ist schwierig? Natürlich! Doch versetzen Sie sich einmal in die Zukunft. Wie werden Sie aussehen, nachdem Sie 10 oder 20 Kilo abgenommen haben? Wie werden Sie sich fühlen? Was werden Ihre Freunde sagen?

Fällt es jetzt leichter, die Einstellung zu ändern? Wenn Sie erst einmal bei Phase 4 angekommen sind, fallen Veränderung und das Erhalten des neuen Verhaltens deutlich leichter.

Konkrete Veränderungen nutzen

Nehmen wir an, in Ihrem Unternehmen sind Umstrukturierungsprozesse geplant. Als Chancendenker überlegen Sie sich, welchen Vorteil Sie aus diesem Veränderungsprozess mitnehmen können. Sprechen Sie mit den richtigen Leuten, holen Sie sich so viele Informationen wie möglich. Lässt sich gegebenenfalls Ihr Aufgabenbereich um interessante Aufgaben erweitern? Werden neue Bereiche eröffnet? Wie können Sie die neue Software für sich nutzen, um Ihre Arbeit zu vereinfachen? Wie können Sie das Team intelligent neu organisieren, um deutlich effektiver und einer eventuellen Verkleinerung des Teams gerecht zu werden?

Es geht also in allen Fällen darum, das Positive der Veränderung zu suchen und das Jammertal links liegen zu lassen.

Um Veränderungen als Chance zu nutzen, muss der erste aktive Schritt vollzogen werden. Entscheidend ist, mit den Konsequenzen leben zu können und sich diese rechtzeitig bewusst zu machen. Ändern Sie Ihre Einstellung. Umso leichter fällt die Veränderung. Letztendlich: Nutzen Sie Veränderungen, die von außen kommen, für sich.

4.3 Stop-Challenge-Choose: Eine Selbstreflexion

Eine der wichtigsten Eigenschaften, – nicht nur bei Veränderungen, – ist die Fähigkeit zur Selbstreflexion. Was bedeutet dies? Tagtäglich handeln wir in allen möglichen Situationen, bauen eine Welt auf, in der wir leben wollen, haben bestimmte Einstellungen und Werte.

Mit diesem Kapitel haben Sie sich dem Abenteuer Veränderung gestellt, Ihr Leben aktiv in die eigenen Hände genommen und sind Gestalter Ihrer eigenen Welt geworden. Gerade aufgrund der permanenten Veränderung ist es wichtig, die eigenen Handlungsweisen immer wieder in Frage zu stellen.

Leitfragen zur Selbstreflexion

Die folgenden sieben Fragen helfen Ihnen, Ihren eigenen Weg immer wieder neu zu finden. Nehmen Sie sich alle drei bis sechs Monate eine stille Stunde, in der Sie sich diese Fragen stellen:

- Bin ich noch auf dem richtigen Weg oder haben mich meine alten Muster wieder zurück in die alte Welt geholt?
- Ist der jetzige Weg immer noch der richtige oder sollte ich ihn korrigieren? (Klopft vielleicht eine neue Veränderung an die Tür?)
- Was habe ich bisher getan, um meine aktuelle Situation zu meistern?
- Welche Handlungen waren davon erfolgreich, welche weniger?
- Wie kann ich die erfolgreichen Handlungen auch in anderen Situationen einsetzen?
- Wer oder was hindert mich daran, meine Ziele zu erreichen?
- Die letztendliche Betrachtung: Was kann ich für die Zukunft ändern?

Die mentale Landkarte

Die stille Stunde lässt sich gut nutzen, um sich generell zu hinterfragen. Es gibt täglich Ereignisse, bei denen Sie auf eine bestimmte Weise reagieren – und somit ein bestimmtes Ergebnis erhalten. Wie kommt es, dass andere Personen bei genau dem gleichen Ereignis ganz anders reagieren? Ein Beispiel: Sie haben einen Kundentermin. Nach 30 Kilometern auf der Autobahn geraten Sie in einen Stau. Nichts geht mehr. Es gibt Menschen, die sich unheimlich aufregen und sich sorgen, dass sie nicht pünktlich zum Termin kommen. Das Ergebnis: Stress pur! Ihr Nachbar im Stau, ebenfalls auf dem Weg zum Kunden, bleibt ganz ruhig. Er nutzt die Zeit, um seine Präsentation im Kopf noch einmal durchzugehen, und ruft vorsorglich beim Kunden an. Das Ergebnis: eine noch bessere Vorbereitung auf die Präsentation und Gelassenheit.

Woran liegt es, dass wir in einer gleichen Situation unterschiedlich reagieren? Jeder von uns hat andere mentale Landkarten, der Schaltplan in unserem Gehirn. Sie entstehen durch Glauben, Werte, Einstellungen, Überzeugungen, Medien, Erfahrungen, Wissen, Umwelt, Gesellschaft, Kultur, Eltern, Freunde, Lehrer usw.

Mentale Landkarten helfen uns, Ereignisse zu verstehen und unbewusst entsprechend zu reagieren. Die Schutzfunktion des Stammhirns (siehe Phase 1 der Veränderungskurve) ist ebenfalls eine mentale Landkarte.

Stop-Challenge-Choose

Nicht alle Landkarten zeigen uns den richtigen Weg. Teilweise sind sie – wie die Karte im Navigationsgerät –

veraltet. Wenn wir uns nicht selbst reflektieren, unsere mentalen Landkarten nicht überdenken, werden wir schnell ihr Opfer. Das amerikanische Consulting-Unternehmen Pecos River hat eine Technik entwickelt, die uns hilft, die Opferrolle zu verlassen und die Ergebnisse eines Ereignisses entsprechend zu beeinflussen. Mit „Stop-Challenge-Choose“, zu Deutsch: „Innehalten-Hinterfragen-Entscheiden“, können wir unsere Landkarten verändern bzw. erneuern. Sobald Gefühle wie Wut, Stress, Angst, Ärger, Frust, Traurigkeit, Antriebslosigkeit aufgrund von Ereignissen usw. auftreten, halten Sie inne, atmen Sie tief durch und lassen Sie die Schultern hängen. Die Folge: Sie entspannen sich. Hinterfragen Sie dann die Situation:

- Was passiert gerade?
- Wie wäre meine normale Reaktion?
- Ist diese zu meinen Gunsten?
- Muss ich so negativ reagieren?
- Was ist das Schlimmste, was passieren kann? Ist es wirklich so schlimm?
- Was passiert, wenn ich anders, positiv, reagiere?

Treffen Sie die Wahl, wie Sie reagieren, und rücken Sie die Reaktion in ein positives Licht. Entscheiden Sie sich positiv und genießen Sie dieses Gefühl.

30 *Stellen Sie Ihre eigene Handlungsweise immer wieder in Frage. Nutzen Sie Stop-Challenge-Choo-*

se, das heißt: Halten Sie inne, hinterfragen Sie, ob die aktuelle Situation so okay ist, und entscheiden Sie sich gegebenenfalls neu. Schreiben Sie Ihre mentalen Landkarten um, und nehmen Sie mehr Einfluss auf die Ergebnisse.

4.4 Die Entscheidung liegt bei Ihnen

Sie haben sich entschieden, proaktiv zu handeln, der Veränderung zuvorzukommen. Somit werden Sie Regisseur Ihres eigenen Lebensfilms. Sie haben sich für das Glück entschieden, denn: Glück ist keine Glückssache! Glück stößt Ihnen nicht einfach so zu. Für Ihr Glück müssen Sie arbeiten. Es ist das Ergebnis von selbstverantwortlichem, entschiedenem Handeln. Machen Sie sich dies immer wieder bewusst.

Sie haben die Wahl

Was möchten Sie verändern? Ihre berufliche Situation, Ihre Partnerschaft, Ihre Einstellung? Warten Sie nicht auf den richtigen Zeitpunkt für die richtige Entscheidung. Er kommt nie. Er ist immer jetzt.

„Du kannst alles erreichen; alles hat Konsequenzen, alles hat seinen Preis!"

(Dr. Reinhard K. Sprenger)

Es liegt bei Ihnen, was Sie aus Ihrer persönlichen Situation machen. Wenn die Konsequenzen und der Preis für Sie akzeptabel sind – tun Sie es. Mit dem Anerkennen der Konsequenzen haben Sie sich für die Freiheit Ihres Lebens entschieden.

Bestimmen Sie selbst die Zeit

Wenn Sie sich für Ihre Veränderung entschieden haben, wählen Sie selbst die Spielregeln, nach denen das Spiel gespielt wird. Wählen Sie auch bewusst die Zeit, die Sie für den Weg zur erfolgreichen Veränderung einplanen. Wie viel Zeit ist Ihnen Ihre Veränderung wert? Wie viel Zeit verwenden Sie für die wirklich wichtigen Dinge im Leben? Hierzu eine kleine Übung:

Übung „Zeitplaner"

Nehmen Sie sich ein Blatt Papier und teilen Sie dieses in drei Spalten. Links tragen Sie die wirklich wichtigen Dinge in Ihrem Leben ein. Was ist Ihnen am wichtigsten bzw. besonders wichtig? In die mittlere Spalte tragen Sie parallel dazu ein, wie ein normaler Tagesablauf bei Ihnen aussieht. Beginnen Sie hier und jetzt die erste Veränderung! Wie? Raffen Sie sich auf und machen Sie diese Übung, statt einfach weiterzulesen. Auch eine Veränderung beginnt mit einem ersten kleinen Schritt. Wenn Sie danach die beiden Spalten vergleichen: Was fällt Ihnen auf? Habe ich Recht, dass in der mittleren Spalte kaum etwas von der linken Spalte enthalten ist? Nachdem Sie jetzt wahrscheinlich stark ins Grübeln kommen, nehmen Sie sich Zeit für die rechte Spalte: Was möchten Sie ab morgen verändern? Wo setzen Sie Ihre Prioritäten? Wie möchten Sie Ihren Tagesablauf gestalten, um sich genügend Zeit für die wirklich wichtigen Dinge zu nehmen? Wie viel Zeit planen Sie für Ihre Veränderung ein? Die Entscheidung liegt bei Ihnen. Werden Sie zum Architekt Ihres Lebens. Handeln Sie nach der Maxime: Love it, leave it or change it!

Sie haben die Wahl! Sie können (fast) alles erreichen, alles hat auch seinen Preis. Die Entscheidung liegt bei Ihnen, was und wie viel Sie erreichen wollen. Erfolgreiche Veränderung bedeutet, sich hierfür Zeit zu nehmen. Setzen Sie Prioritäten.

4.5 Die kleinen Helfer für erfolgreiche Veränderungen

Um den Weg für Ihre Veränderung zu vereinfachen, möchte ich Ihnen einige Eigenschaften und Fähigkeiten vorstellen, die erfolgreiche Menschen besitzen. Was zeichnet diese aus? Wie gehen sie vor? Schauen Sie sich die nachfolgende Checkliste an und haken Sie selbst ab, welche Eigenschaften Sie bereits besitzen und an welchen Sie arbeiten möchten.

Je mehr Erfolgseigenschaften Sie sich aneignen, umso erfolgreicher wird nicht nur Ihr Veränderungsprozess. Umso erfolgreicher werden Sie.

Erfolgseigenschaften	So bin ich	Daran möchte ich arbeiten
Ich bin risikofreudig/mutig	☐	☐
Ich bin selbstbewusst	☐	☐
Ich verfolge meine Ziele stringent	☐	☐
Ich entwickle eine Leidenschaft für das, was ich erreichen will	☐	☐
Ich bin optimistisch	☐	☐
Ich bin offen für Neues	☐	☐
Ich kann loslassen	☐	☐
Ich reflektiere mich regelmäßig	☐	☐
Ich bin flexibel	☐	☐
Ich kann mit Konflikten umgehen	☐	☐
Ich bin durchsetzungsfähig	☐	☐
Fehler sind okay, sie sind zum Lernen da	☐	☐
Ich besitze visionäres Denken	☐	☐

- ***Der Veränderungsprozess durchläuft fünf Phasen:***
  1. Widerstand
  2. Bewusstsein
  3. Persönliche Betroffenheit
  4. Entscheidung zum Handeln
  5. Neue Handlungskompetenz
- ***Veränderung als Chance bedeutet, den ersten aktiven Schritt zu tun, sich der Konsequenzen bewusst zu sein, die Einstellung zu verändern und möglichst jede Veränderung von außen zu nutzen.***
- ***Die Entscheidung liegt bei Ihnen: Sie können (fast) alles erreichen, alles hat seinen Preis***
- ***Eignen Sie sich Eigenschaften erfolgreicher Menschen an, um die Veränderung zu vereinfachen.***

30 MINUTEN

Wie möchten Sie Ihre Zukunft gestalten?

Seite 62

Was sind Ihre Stärken und Talente?

Seite 67

Wie erreichen Sie Ihre Ziele sicher?

Seite 72

5. Ihre Zukunft

„Die Zukunft liegt in dem, was bereits im Gange ist. Gieße die Saat, die aufgegangen ist."

(Richard C. Whiteley)

Mit dem Kauf dieses Buches hat Ihre erfolgreiche Zukunft bereits begonnen. Denn wenn Sie sich dazu entschlossen haben, Veränderungen souverän anzugehen, sind sie bereits Teil Ihrer Zukunft. Das i-Tüpfelchen der Veränderungen ist die aktive Gestaltung Ihrer Zukunft.

5.1 Die Zukunft gestalten

Wie viele Gedanken haben Sie sich bereits aktiv über Ihre Zukunft gemacht? Wie soll Ihre Zukunft im Einzelnen aussehen? Wie möchten Sie Ihre Zukunft gestalten?

In all meinen Coachings habe ich eines festgestellt: Den Menschen fehlt es an eindeutigen Zielen, nach denen zu streben es sich lohnt. Auf die Frage „Was will ich in meinem Leben erreichen?“ oder „Warum stehe ich jeden Morgen von neuem auf?“ können mir viele Menschen keine oder nur eine sehr demotivierende Antwort geben.

Können Sie diese beiden Fragen genauestens beantworten? Nehmen Sie sich hierfür einmal fünf Minuten Zeit.

JETZT!

Die wenigsten Menschen wissen genau, wie ihre Zukunft aussehen soll. Viele Menschen haben keine eindeutigen Ziele.

5.2 Ihre ganz persönliche Zukunfts-Vision

Hier eine kurze Geschichte: Ein Professor der Motivationspsychologie ist auf der Suche nach dem, was die

Menschen in ihrem Innern antreibt. Während eines Urlaubs trifft er auf einen Bautrupp. Er fragt den ersten Bauarbeiter, was er denn da tue. Darauf antwortet der etwas barsch und missgelaunt: „Das sehen Sie doch, ich schlage Steine!“ Verwirrt geht der Professor weiter. Ein paar Meter weiter sieht er einen Arbeiter, der scheinbar besser gelaunt seiner Arbeit nachgeht. Auf die Frage, was er da tue, antwortet dieser: „Ich bearbeite einen Stein, damit er dort drüben in diesen Winkel haargenau hineinpasst. Da muss ich schon aufpassen, dass jeder Millimeter stimmt. Und da ich so haargenau arbeiten kann, hat man mich hier angestellt.“ „Aha, interessant“, äußert der Professor und geht seines Weges. Schließlich sieht er einen Arbeiter, der fröhlich ein Lied singend und halb tänzelnd seiner Arbeit nachgeht. „Schlagen Sie auch Steine?“, fragt der Professor. „Aber nein“, kommt wie aus der Pistole geschossen die Antwort, „ich arbeite an einer Kathedrale. Sehen Sie das denn nicht?“

Und die Moral von der Geschichte? Was ist Ihre Kathedrale? An welchem Lebenswerk bauen Sie? Und selbst wenn Sie jetzt sagen, Ihre Kathedrale sei eher noch eine kleine Dorfkirche, dann ist das völlig in Ordnung, denn die Kirche kann ja noch ausgebaut werden. Sie kann mit der Zeit wunderbare Seitenbauten bekommen, hohe Kirchtürme haben. Sie kann so schön werden, dass Sie sich immer mehr wünschen, die Kirche sei real. So dass Ihre Idee zu einem Ziel wird, welches anzustreben sich lohnt.

„Wenn das Leben keine Vision hat, nach der man sich sehnt, die man verwirklichen möchte, dann gibt es auch kein Motiv, sich anzustrengen."

(Erich Fromm)

Wissenschaftler haben herausgefunden, dass 80 % aller Motivationsenergie der persönlichen Vision entspringen. Wir brauchen einen Grund für unser tägliches Handeln, sonst bleiben wir Steine schlagende Bauarbeiter. Eine lebendige Vision kann Sie motivieren, aktiv dafür zu sorgen, dass Ihnen Ihre Arbeit Spaß macht und Sie mit Erfolgserlebnissen nährt. Echte Eigen-Motivation entsteht eben aus einer attraktiven Vorstellung der eigenen Zukunft. Übrigens: Ihre Vision darf auf den ersten Blick schon einmal ziemlich unrealistisch wirken. Wie viele Visionen sind in der Vergangenheit wahr geworden, obwohl sie auf den ersten Blick absolut unrealistisch erschienen. Denken Sie doch nur einmal an die Erfindung der Dampfmaschine, die Bezwingung des Mount Everest, an den Erfolg von Microsoft.

Was ist Ihre „big idea", wie die Amerikaner so schön sagen? Was ist das WARUM hinter allem, was Sie tun? Was brennt in Ihrem Herzen?

Sie haben noch keine Zukunfts-Vision? Sie konnten die Frage, was Sie in Ihrem Leben erreichen wollen, nicht konkret beantworten? Dann hilft Ihnen die folgende Übung.

Ihr persönlicher Dokumentarfilm

Suchen Sie sich einen gemütlichen Platz, an dem Sie ein wenig „träumen" können. Setzen oder legen Sie sich bequem hin. Stellen Sie sich dann vor, Sie drehen einen Dokumentarfilm über einen typischen Tag in IHREM Leben. Doch handelt es sich dabei nicht um Ihr aktuelles Leben, sondern um das Leben an einem Zeitpunkt, an dem Sie bereits alle Ihre Ziele erreicht haben.

Vielleicht ist das Bild vor Ihren Augen jetzt noch leer. Doch sind Sie ja Regisseur Ihres Films und können daher in Ruhe Ihr Drehbuch verändern. Erträumen Sie sich Ihr Drehbuch.

- Wie sieht Ihr typischer und natürlich perfekter Tag zum Zeitpunkt X aus?
- Was soll in Ihrem Drehbuch stehen?
- Wie gestaltet sich Ihr Tag?
- Wo wohnen Sie?
- Was tun Sie?
- Was hören Sie?
- Was fühlen Sie?
- Was ist Ihnen wichtig?
- Wer ist bzw. wer sind Ihre ständigen Begleiter?
- Wofür engagieren Sie sich?
- Was erzählen Sie Ihren Enkeln aus Ihrem Leben?
- Worauf blicken Sie stolz zurück?

Wiederholen Sie diese Übung ab heute mindestens 30 Tage lang konsequent jeden Tag. Warum 30 Tage lang, werden Sie sich vielleicht fragen. Ganz einfach! Die 30-Tage-Übung beruht auf den neuesten wissenschaftlichen Erkenntnissen der NASA. Bei Experimenten stellte die NASA fest, dass nach 25–30 Tagen des ununterbrochenen Handelns im Gehirn neue und dauerhafte neuronale Vernetzungen und somit neue Gewohnheiten entstehen. Nach den 30 Tagen ist Ihr Dokumentarfilm in Ihr Unterbewusstsein übergegangen. Somit hat sich Ihre Vision verinnerlicht und Ihr Unterbewusstsein wird Sie als Ihr persönlicher Assistent bei Ihrer Zielerreichung unterstützen.

Die Visionscollage

Erweitern Sie jetzt die Übung. Kaufen Sie sich einen großen Bilderrahmen, der Ihnen richtig gut gefällt und Ihrer Vision würdig ist. Bewahren Sie eine Zeit lang Zeitschriften und Zeitungen auf. Blättern Sie diese durch und schneiden Sie sich Bilder und Überschriften aus, die genau Ihrer Vision entsprechen. Vielleicht haben Sie auch ein paar eigene Fotos, die dazu passen. Egal, was es ist, nehmen Sie es, und kleben Sie es auf Ihr Bild. Wenn Ihre Collage vollendet ist, hängen Sie sie an einer würdigen Stelle auf. Das kann auch im Badezimmer gegenüber der Toilette sein. Denn dort sehen Sie Ihre Vision sicherlich mehrfach am Tag.

Schauen Sie sich das Bild immer wieder an. Schwelgen Sie dabei in Ihrer Vision. Nehmen Sie sich hierfür einen Augenblick Zeit, auch wenn es nur eine Minute ist. Ist Ihnen Ihre Vision eine Minute wert? Ich denke schon, oder?

Es ist erwiesen, dass 80 % aller Motivationsenergie der persönlichen Vision entspringen. Wir brauchen einen Grund für unser tägliches Handeln. Die Vision ist das WARUM hinter all dem, was wir tun.

5.3 Stärken sind zum Stärken da: Eine Standortanalyse

Viele kennen das Prinzip „Stärken stärken". Doch wird es immer noch viel zu selten angewendet. Angenommen, es sind bald Ferien und Ihre Tochter käme am letzten Schultag freudestrahlend mit dem Zeugnis nach Hause. In Französisch Eins, in Mathematik Vier. Wofür entscheiden Sie sich spontan? Nachhilfeunterricht in Mathematik oder für einen Sprachkurs in Französisch? Sollten Sie jetzt den Nachhilfeunterricht bevorzugen, so machen Sie sich bitte noch einmal Gedanken um das Prinzip des „Stärken stärken". Was denken Sie, mit welchem Talent Ihre Tochter später im Beruf erfolgreicher sein wird? Mit Fremdsprachen oder mit dem Jonglieren von Zahlen? Natürlich können Sie in den Nachhilfeunterricht investieren, doch sollte Ihre Priorität klar bei der Förderung der Sprache liegen.

Und wie sieht es bei Ihnen aus? Zaubern Ihnen Ihre Stärken auch ein Lächeln auf die Lippen oder gehören Sie eher zu den Menschen, die trüb gelaunt an ihren kleinen Schwächen herumjammern? Wohin schwenken Sie regelmäßig Ihren Fokus? Haben Sie ihn auf Dinge gerichtet, die Ihnen gut und leicht von der Hand gehen, oder zeigte er bis jetzt immer nur dorthin, wo es noch etwas zu verbessern gilt?

Richten Sie auch Ihr Leben nach Ihren Stärken aus? Betreiben Sie einen Beruf, in dem Sie Ihre Stärken ausleben können? Wie viel Spaß macht Ihnen Ihr Job? Nicht so viel? Liegt es eventuell daran, dass Ihre Stärken dort nicht oder nur wenig zum Einsatz kommen?

Entdecken Sie Ihre Stärken bzw. Talente, polieren Sie diese mit Wissen und Fähigkeiten auf und Sie werden sehen, wie viel Spaß Sie haben und mit welcher Leichtigkeit Sie immer besser und folglich auch erfolgreicher werden.

Übrigens: Der Glaube, die erfolgreichsten Menschen hätten ein perfekt abgerundetes Stärkenprofil, ist reiner Aberglaube. Sie sind in einem Bereich herausragend, konzentrieren ihre ganze Kraft darauf und managen erfolgreich um ihre Schwächen herum.

So erkennen Sie Ihre Stärken

Nehmen Sie sich als Erstes ein Blatt Papier zur Hand und erstellen Sie Ihre persönliche Stärken-Liste. Notieren Sie auch vermeintliche Kleinigkeiten, die Sie eher unter „Ach, das ist doch selbstverständlich!“ einordnen würden (z. B. das besonders gute Gedächtnis für Geburtstage oder Namen). Folgende Fragen können Ihnen als Orientierungshilfe dienen:

- Was kann ich gut?
- Was sind meine Fähig- und Fertigkeiten?
- In welchen Bereichen lerne ich besonders schnell?
- Was fällt mir in meinem beruflichen Kontext eher leicht und weshalb?
- Was fällt mir im Privaten leicht und woran habe ich richtig Spaß?
- Was fällt mir im Umgang mit anderen (Partner, Familie, Freunde, Kollegen) leicht?
- Worin kenne ich mich gut aus?
- Welchen Dingen gehe ich gerne nach?
- Zu welchen Dingen im Leben fühle ich mich spontan hingezogen?
- Warum hatte ich in bestimmten Situationen Erfolg?
- Was schätzen andere ganz besonders an mir?
- Wo entwickle ich eine besondere Vorfreude?
- Wobei bin ich besonders energiegeladen?

Zur Unterstützung habe ich Ihnen hier einmal eine ganze Liste an möglichen Stärken aufgeführt. Doch kann dies natürlich nur eine Auswahl sein. Sicherlich fallen Ihnen noch viele andere ein.

- Aktives Zuhören
- Analytische Fähigkeiten
- Anpassungsfähigkeit
- Ausgeglichenheit
- Begeisterungsfähigkeit
- Belastbarkeit
- Delegationsfähigkeit
- Durchsetzungsvermögen
- Ehrlichkeit
- Einfühlungsvermögen
- Einsatzbereitschaft
- Entscheidungsfähigkeit
- Entschlossenheit
- Experimentierfreudigkeit
- Fähigkeit zu entspannen
- Fähigkeit zu genießen
- Flexibilität
- Führungsfähigkeit
- Genauigkeit
- Glaubwürdigkeit
- Gutes Auftreten
- Handlungsbereitschaft
- Humor
- Initiative
- Intuitionsfähigkeit
- Kommunikationsfähigkeit
- Konfliktfähigkeit
- Aufgeschlossenheit
- Ausdauer
- Ausdrucksfähigkeit
- Kontaktfähigkeit
- Konzentrationsfähigkeit
- Kreativität
- Kritikfähigkeit
- Leistungsbereitschaft
- Logisches Denken
- Motivationsfähigkeit
- Musikalität
- Neugier
- Offenheit
- Organisationstalent
- Risikobereitschaft
- Selbstständigkeit
- Selbstbewusstsein
- Selbstsicherheit
- Selbstwertgefühl
- Spontaneität
- Sportlichkeit
- Teamfähigkeit
- Überzeugungskraft
- Urteilsvermögen
- Verantwortungsbewusstsein
- Vielseitigkeit
- Zuverlässigkeit

Wie viele Stärken haben Sie gefunden? 10, 20 oder sogar 30? Fordern Sie sich und erweitern Sie Ihre Liste auf 50 Stärken. Das ist unmöglich, meinen Sie? Nehmen Sie sich Zeit und denken Sie daran: Auch Kleinigkeiten zählen. Meine Coaching- und Seminar-Teilnehmer benötigen meist auch mehr Zeit, um auf 50 Stärken zu kommen. Doch weiß ich, sie werden sie finden.

Sortieren Sie im Anschluss Ihre Stärken und fassen Sie diese, wenn machbar, in Gruppen zusammen. Erkennen Sie Zusammenhänge?

Gewichten Sie Ihre Stärken. Was sind die fünf Highlights auf Ihrer Liste?

Selbstbild – Fremdbild

Holen Sie sich danach ein Feedback aus Ihrem Umfeld ein. Suchen Sie sich hierzu aus Ihrem familiären Umfeld, Ihrem Freundeskreis sowie Ihrem beruflichen Umfeld jeweils eine Person aus. Vergessen Sie dabei nicht Ihren Partner, der Sie wahrscheinlich täglich mit Ihren Stärken erlebt. Befragen Sie diese Person (gegebenenfalls mit Hilfe der nebenstehenden Liste), lassen Sie sie auf Ihrer Stärken-Liste spontan ankreuzen, wo sie der gleichen Meinung ist wie Sie. Und auch hier steht am Ende das Heraussuchen der fünf Highlights, die Sie besonders auszeichnen.

Wundern Sie sich nicht, wenn Ihr Bild ein wenig von dem Bild der anderen Person abweicht. Das ist völlig normal. Ergänzen Sie im Anschluss gegebenenfalls Ihre Liste und diskutieren Sie stark abweichende Punkte mit Ihrem Gesprächspartner. Stellen Sie sich zum Schluss folgende Fragen:

- Wo setze ich bisher meine Stärken ein?
- Wo möchte ich die Stärken zukünftig einsetzen?
- Und wenn sich in Ihrem beruflichen oder privaten Umfeld ein Einsatz Ihrer Stärken nicht ermöglichen lässt: Was möchte ich ändern?

30 *Richten Sie Ihr Leben nach Ihren Stärken aus. Betreiben Sie einen Beruf, in dem Sie Ihre Stärken und Talente ausleben können. Erstellen Sie Ihre persönliche Stärken-Liste, bestimmen Sie die fünf wichtigsten und fragen Sie einen guten Freund, ob er Ihre Liste genauso beschreiben würde. Das Leben nach den Stärken auszurichten heißt, motiviert, engagiert und auf Dauer erfolgreich zu sein.*

5.4 Das Ziel vor Augen

Wenn Sie Ihre Zukunfts-Vision erarbeitet haben und Ihre Stärken und Talente kennen, können Sie sich an Ihre Zielsetzung machen. Welche Ziele ergeben sich aus Ihrer Vision? Welche Schritte sind zu tun, um die Vision zu erreichen? Passen die sich hieraus ergebenden Ziele zu Ihren Stärken und Potenzialen? Denken Sie noch einmal an Ihren Dokumentarfilm. Wie sieht Ihr perfekter Tag zum Zeitpunkt X aus? Wie sah der Weg aus, um den perfekten Tag real werden zu lassen? Welche kurz-, mittel- und langfristigen Ziele hatten Sie sich gesetzt und erreicht?

Wenn sich jetzt Ihre Ziele konkretisieren, nehmen Sie sich die Zeit, diese zu notieren. Gestalten Sie Ihren persönlichen Zielplaner. Fangen Sie bei den großen Zielen an.

Was wollen Sie erreichen, um Ihre Vision oder Ihren perfekten Tag real werden zu lassen? Wie genau sieht das Ziel aus?

Haben Sie Ihr großes Ziel gefunden, setzen Sie sich Teilziele. Das Erreichen von Zwischenzielen motiviert, am großen Ziel weiterzuarbeiten. Wenn Sie sich keine Teilziele setzen, haben Sie eventuell eine ewig lange Durststrecke vor sich, bis Sie zum Ziel gelangen. Damit Sie auf der Durststrecke nicht erschöpft liegen bleiben, beleben Sie sich durch erreichte Teilziele.

Um Ihre Ziele noch leichter zu erreichen, gibt es jetzt zwei Möglichkeiten. Die erste ist eher rational und an Fakten orientiert, die zweite eher emotionaler Art.

Kennen Sie die SMART-Formel? Wenn ja, dann wissen Sie bereits, wie Sie Ihre Ziele formulieren sollten. Wenn nicht, lege ich Ihnen diese Formel ans Herz. Ich möchte Ihnen hier die von Top-Experte Alexander Christiani erweiterte Formel vorstellen. Danach sehen SMARTc Ziele wie folgt aus:

S = spezifisch und messbar sowie selbst kontrollierbar in der Erreichung

Definieren Sie Ihr Ziel konkret und so, dass Sie die Erreichung des Ziels auch messen können. Sie selbst kontrollieren Ihren Weg zum Ziel und Sie selbst setzen sich für das Erreichen ein.

M = mit Etappenschritten und Bandbreiten

Setzen Sie sich Teilziele. Und denken Sie daran: Auch die längste Reise beginnt mit einem ersten Schritt. Beginnen Sie diesen ersten Schritt möglichst noch am gleichen Tag. Setzen Sie sich einen Zielkorridor. Entscheidend ist nicht, wie viel Sie erreichen, sondern wie viel Sie im Verhältnis zu dem erreichen, was Sie sich vorgenommen haben. (Wenn Ihr Ziel ist, mit dem Joggen zu beginnen, im nächsten Vierteljahr viermal pro Woche Laufen zu gehen, und Sie sind im Durchschnitt nur dreimal gelaufen, dann ist das absolut in Ordnung. Immerhin sind Sie vorher gar nicht gelaufen.)

A = alle Lebensbereiche einbeziehen und an die Auswirkungen denken

Setzen Sie sich in allen Lebensbereichen Ziele, so z. B. auch Harmonie in der Beziehung. Was haben Sie dafür heute bereits getan? Denken Sie auch an mögliche Zielkonflikte. Was verändert sich bei Ihnen und in Ihrem Umfeld, wenn Sie das Ziel erreichen? Was verändert sich in finanzieller, zeitlicher sowie emotionaler Hinsicht?

R = realistisch und richtig im Sinne von gehirnkonform

Im Gegensatz zur Vision, die ohne weiteres vorerst unrealistisch sein darf, sollte Ihr Ziel auf jeden Fall realistisch sein. Formulieren Sie Ihr Ziel so, dass Ihr Gehirn die Formulierung auch richtig verarbeitet. Denken Sie an Kapitel 2.3. Das heißt, lassen Sie Wörter wie beispielsweise „muss", „versuche" oder „nicht" heraus. Und formulieren Sie Ihr Ziel positiv. Die Bedeutung von „muss" und „nicht" kennen Sie bereits. „Versuche" beinhaltet, dass Sie ebenso gut scheitern können. Versuchen Sie nicht, tun Sie es einfach.

T = termingebunden sowie treu sich selbst gegenüber

Setzen Sie sich einen festen Termin, bis wann Sie Ihr Ziel erreicht haben werden. Seien Sie sich selbst treu. Wollen Sie das Ziel für sich erreichen oder für andere? Nehmen wir das Beispiel „Schlanker werden". Wollen Sie schlanker werden, um für andere attraktiver zu werden oder damit Sie sich in Ihrer Haut wohl fühlen? Ihr Wohlbefinden können Sie beeinflussen. Für andere attraktiver zu sein bedeutet, sich von anderen abhängig zu machen.

Die zweite Variante, um Ziele leichter und motivierter zu erreichen, ist nicht rational, sondern mehr zu erspüren. Sie kennen Sie bereits. Hier können Sie erneut die Visualisierung nutzen. Machen Sie es sich gemütlich und stellen Sie sich vor, Sie hätten das Ziel bereits erreicht. Visualisieren Sie das Bild oder den Film, in dem Sie Ihr erreichtes Ziel sehen. Steigen Sie dann in das Geschehen ein. Stellen Sie sich vor, Sie hätten eine virtuelle Fernbedienung so wie die Ihres Fernsehers. Nehmen Sie Ihr Bild und gestalten Sie es. Bringen Sie mehr Farbe hinein. Geben Sie mehr Helligkeit oder Kontrast hinzu. Ist das Bild oder der Film scharf genug? Drücken Sie auch hier den Knopf. Genauso sind Sie in der Lage, den Klang oder die Lautstärke der Geräusche so zu verändern, wie es für Sie genau richtig ist. Verstärken Sie mit Hilfe Ihrer Fernbedienung alles, damit sich das Ziel noch besser anfühlt.

Zum Schluss können Sie selbst Ihr Gefühl noch erhöhen, indem Sie die Bewegung, die Sie mit dem Gefühl verspüren, verstärken. Wie fühlt sich das Gefühl an? Dreht es sich, bewegt es sich wellenförmig oder was macht es in Ihnen? Verstärken Sie die Bewegung so weit, dass sich das Gefühl in Ihrem ganzen Körper ausbreiten kann.

Nachdem Sie die wahrscheinlich geschlossenen Augen wieder geöffnet haben: Wie ist jetzt Ihre Motivation, Ihr Ziel zu erreichen?

Wenn Sie alle großen und langfristigen Ziele mit den dazugehörigen Teilzielen in Ihren Zielplaner geschrieben haben, überlegen Sie, was Ihre kurz- und mittelfristigen Ziele sind. Was ist Ihnen in der nächsten Zeit wichtig? Stellen Sie sich also noch folgende Fragen:

Was sind meine

1. beruflichen,
2. individuellen,
3. partnerschaftlichen oder familiären,
4. gesundheitlichen

Ziele für

a. die nächste Woche,
b. den nächsten Monat,
c. die nächsten sechs Monate,
d. die nächsten 12 Monate sowie
e. die nächsten 5 Jahre

Nachdem Sie Ihren Zielplaner gefüllt haben, schauen Sie sich Ihre Ziele noch einmal ganz genau an und überprüfen Sie: Handelt es sich um SMARTe Ziele? Ist Ihnen jedes einzelne Ziel wirklich wichtig? Überprüfen Sie Ihre Ziele immer wieder neu. Sie verändern sich, so wie Ihre Interessen auch. Was früher einmal wichtig für Sie war, ist heute vielleicht nur noch ein Muss-Ziel, welches Sie planlos vor sich herschieben.

Erstellen Sie sich einen Zielplaner. Schauen Sie, ob Ihre Ziele nach Ihrer Vision ausgerichtet sind. 30
Integrieren sie Ihre Stärken und Talente? Ziele lassen sich leichter mit der neuen SMART-Formel erreichen oder mit einer entsprechenden Visualisierungs-Übung.

5.5 Neue Wege beschreiten: Erfolg ist planbar

Kann man Erfolg tatsächlich planen? Meines Erachtens ja. Und Sie sind bereits auf dem besten Wege dazu, wenn Sie sich an die Schritte dieses Buches halten, all die Fragen für sich beantworten, die Übungen durchführen und letztendlich die Aufgaben aus diesem Kapitel ausführlich bearbeiten. Das heißt:

1. Erarbeiten Sie sich Ihre Lebensvision und erstellen Sie eine Visionscollage.
2. Nutzen Sie Ihre Stärken und Talente dauerhaft in allen Lebensbereichen.
3. Setzen Sie sich mit Hilfe Ihrer Vision und Ihrer Stärken passende Ziele mit den entsprechenden Teilzielen und arbeiten Sie aktiv an deren Erreichung.
4. Handeln Sie nach der Devise: „Ich weiß, dass ich erfolgreich sein werde!"

Der letzte Punkt ist ein Phänomen, an das ich früher selbst nicht geglaubt habe. Die Aussage: „Der feste Glaube an den Erfolg lässt Erfolg Wirklichkeit werden" war für mich früher eine Aussage ominöser Motivationstrainer, die sich dadurch eine goldene Nase verdienen wollten. Heute weiß ich, dass es stimmt und welche Motivationsstrategie dahinter steht. Wir sprachen bereits über die Wirksamkeit von negativen Glaubenssätzen. So wie uns negative Glaubenssätze bisher immer blockiert haben, gewisse Dinge in Angriff zu nehmen, versetzen uns positive Glaubenssätze in die Lage, Dinge zu tun und zu erreichen, die wir bislang für unmöglich hielten. Wer fest an seinen Erfolg glaubt – und ich gehe noch einen Schritt weiter – und wer weiß, dass er erfolgreich sein wird, manifestiert diese „Weisheit" in seine Handlungsmuster, so dass er automatisch Dinge tut, die ihn zum Erfolg führen. Er wird seine Handlungen so abstimmen, sein Leben so verändern, dass er erfolgreich sein wird.

Zum Schluss noch eine kurze Geschichte: Karl träumt, dass er ein Geschäft betritt, hinter dessen Tresen ein Engel steht. Karl fragt den Engel: „Was verkaufen Sie, Herr Engel?" Der Engel antwortet sehr freundlich: „Alles, was Sie wollen." Daraufhin erwidert Karl: „Dann hätte ich gern, dass alle Menschen Arbeit finden, dass die Armut in der Welt ein Ende hat, dass alle Kriege beendet werden, dass die Naturkatastrophen verschwinden ..." Da unterbricht der Engel Karl und sagt: „Entschuldigen Sie, Karl. Ich glaube, Sie haben mich falsch verstanden. Wir verkaufen hier keine Früchte. Wir verkaufen nur die Samen!" Nachdenklich und schweigend verlässt Karl das Geschäft.

Nun haben Sie das Ende des Buches erreicht. Denken Sie einmal über die Geschichte nach. Möchten Sie die Saat gießen, die mit dem Lesen dieses Buches aufgegangen ist, oder legen Sie das Buch in Ihr Regal zurück und lassen das junge Pflänzchen verdorren?

Handeln Sie! Es sei denn, Sie haben entschieden, alles beim Alten zu belassen. Das Lesen von Büchern ist eine Sache und kann zur Beruhigung des Gewissens dienen. Weit erfolgreicher werden Sie, wenn Sie das Gelesene in die Praxis umsetzen.

Ich wünsche Ihnen viel Erfolg bei all Ihren Veränderungen, ob sie klein oder groß sind. Nutzen Sie noch heute die Chance, Veränderungen aktiv anzugehen und Ihr Leben so zu gestalten, wie Sie es wollen.

Ihr Siranus Sven von Staden

- ***Den Menschen fehlt es vielfach an eindeutigen Zielen.***
- ***Die Vision ist der Grund, weshalb wir aktiv handeln. Sie ist das WARUM hinter all dem, was wir tun. Entwickeln Sie Ihre persönliche Zukunfts-Vision.***
- ***Menschen, die ihr Leben nach ihren Stärken und Talenten ausrichten, sind motivierter, engagierter, haben Spaß an dem, was sie tun, und sind auf Dauer erfolgreicher als andere.***
- ***Richten Sie Ihre Ziele nach Ihrer Vision aus. Integrieren Sie Ihre Stärken und Talente und beschreiben Sie Ihre Ziele nach der neuen SMART-Formel. Visualisieren Sie Ihre Ziele.***
- ***Erfolg ist tatsächlich planbar. Wenn Sie nach diesem Buch handeln und Ihre Zukunft nach dem Prinzip dieses Kapitels ausrichten, wird sich der Erfolg Stück für Stück einstellen. Der feste Glaube an den Erfolg lässt Erfolg Wirklichkeit werden. So wie negative Glaubenssätze uns absolut blockieren, treiben positive Glaubenssätze uns sehr stark an. Der Erfolg passiert. Act on it – Handeln Sie: JETZT!***

Fast Reader

1. Veränderungen

Veränderungen begegnen uns tagtäglich. Sie sind weder gut noch schlecht – einerseits mit Risiko verbunden, bieten sie andererseits auch große Chancen.
Die Menschen beschäftigen sich seit Jahrtausenden mit dem Thema Veränderungen. Vier Arten von Wandel beeinflussen unser Leben: Gesellschaftlicher, technischer, ökonomischer sowie ökologischer Wandel.
Menschen sind im Allgemeinen Sicherheitsdenker. Obwohl sie im Privatleben häufig Veränderungen durchlaufen, scheuen sie das Risiko im Berufsleben.

30

- ***Wir neigen zum Sicherheitsdenken. Das, was lange gut lief, wird ungern verändert.***
- ***Seit Jahrtausenden leben wir mit dem Wandel.***

Unser Leben wird bestimmt durch gesellschaftlichen, technischen, ökonomischen und ökologischen Wandel.

- ***Wir können uns nicht nicht verändern. Obwohl wir im Privatleben häufig bewusst und unbewusst Veränderungen erleben, lehnen wir sie im Beruf ab.***
- ***Es gibt vier Arten, mit Veränderungen umzugehen:***
  1. rigorose Ablehnung
  2. abwarten, was passiert
  3. sich mit der Veränderung arrangieren
  3. Veränderungen als Chance sehen und nutzen

2. Die Angst vor Veränderungen

Die Ursache für Angst liegt in unserem Stammhirn verankert. Sie ist Teil unserer Entwicklungsgeschichte. Als Schutzfunktion entscheidet sie über Flucht, Erstarrung oder Kampf.
Jeder handelt aufgrund unterschiedlicher Motivationsstrategien. Proaktive Personen entscheiden selbstständig. Reaktive Menschen überlassen häufig anderen die Entscheidung und werden von Veränderungen überrollt.
Der Glaube an etwas ist sehr stark und beeinflusst unser Leben. Negative Glaubenssätze hindern uns in vielen Fällen an unserem Fortkommen.

„Ich kann nicht ..." bedeutet in den wenigsten Fällen eine absolute Unmöglichkeit. Es ist lediglich unser Glaube, der uns daran hindert, Dinge nicht zu tun. Es gilt, Glaubenssätze positiv umzuformulieren und ins Handeln zu kommen.

- ***Angst ist im Stammhirn verankert. Sie ist eine Schutzfunktion, um erhöhte Aufmerksamkeit zu gewährleisten.***
- ***Menschliches Handeln ist durch unterschiedliche Motivationsstrategien geprägt. Proaktive Menschen handeln eigenständig, während reaktive häufig anderen die Entscheidung überlassen.***
- ***Negative Glaubenssätze behindern das Fortkommen und somit die Veränderungsbereitschaft.***
- ***Die Reaktion des Stammhirns lässt sich mittels Strategien und Übungen verändern. Gedankliche Visualisierungen unterstützen hierbei. Entspannungsübungen helfen, Gelassenheit, Vertrauen und innere Sicherheit zu entwickeln.***

3. Mit Widerständen leben

Von Ihrer Veränderung sind nicht nur Sie betroffen. Veränderungen ziehen im Regelfall eine ganze Kette von Veränderungen nach sich. Beachten

Sie diese Kette. Veränderungen haben sowohl positive als auch negative Konsequenzen. Wollen Sie mit diesen Folgen leben?
Überfordern Sie Ihr Umfeld nicht. Gehen Sie behutsam vor. Nicht jeder wird Ihre Veränderung unterstützen. Akzeptieren Sie, dass es gegenteilige Meinungen gibt. Immerhin möchte Ihr Umfeld die „alte" Person nicht verlieren. Behalten Sie dazu Ihr Ziel immer vor Augen. Nutzen Sie die Visualisierungsübung aus Kapitel 2.4 oder die Zielübung aus Kapitel 5.4. Loslassen bedeutet zu akzeptieren, dass Sie auch Menschen hinter sich lassen werden.

- ***Veränderungen betreffen im Regelfall nicht nur Sie allein. Beachten Sie die Folgeveränderungen in Ihrem Umfeld.***
- ***Gehen Sie bei Ihren Veränderungen behutsam mit Ihrem Umfeld vor. Seien Sie davor gewappnet, dass Ihr Umfeld gerne die alte Person behalten möchte.***
- ***Ihr innerer Schweinehund weiß, dass Sie zu Beginn Ihrer Veränderung labil sind, und wird Ihr altes Verhalten des Öfteren an die Tür klopfen lassen. Akzeptieren Sie dies, doch hören Sie nicht darauf. Schicken Sie es dahin zurück, wo es herkommt; in die Vergangenheit.***

4. Das Abenteuer wagen

Der Veränderungsprozess durchläuft im Regelfall fünf Phasen, welche sich in einer Veränderungskurve darstellen lassen. Zu Beginn leisten wir Widerstand, werden uns dann langsam der neuen Situation bewusst, um vor der Entscheidung zum Handeln noch einmal das „Tal der Tränen", die persönliche Betroffenheit, zu durchlaufen. Durch die ständige Umsetzung in der neuen Situation erreichen wir letztendlich eine neue Handlungskompetenz. Das Handeln wird zur Routine.
Um Veränderungen als Chance zu nutzen, muss der erste aktive Schritt vollzogen werden. Entscheidend ist, mit den Konsequenzen leben zu können und sich diese rechtzeitig bewusst zu machen. Ändern Sie Ihre Einstellung. Umso leichter fällt die Veränderung. Letztendlich: Nutzen Sie Veränderungen, die von außen kommen, für sich.
Nutzen Sie Stop-Challenge-Choose, das heißt: Halten Sie inne, hinterfragen Sie, ob die aktuelle Situation so okay ist, und entscheiden Sie sich gegebenenfalls neu. Schreiben Sie Ihre mentalen Landkarten um, und nehmen Sie mehr Einfluss auf die Ergebnisse.
Sie haben die Wahl! Sie können (fast) alles erreichen, alles hat auch seinen Preis. Die Entscheidung liegt bei Ihnen, was und wie viel Sie errei-

chen wollen. Erfolgreiche Veränderung bedeutet, sich hierfür Zeit zu nehmen. Setzen Sie Prioritäten.

- ***Der Veränderungsprozess durchläuft fünf Phasen:***
  1. Widerstand
  2. Bewusstsein
  3. Persönliche Betroffenheit
  4. Entscheidung zum Handeln
  5. Neue Handlungskompetenz
- ***Veränderung als Chance bedeutet, den ersten aktiven Schritt zu tun, sich der Konsequenzen bewusst zu sein, die Einstellung zu verändern und möglichst jede Veränderung von außen zu nutzen.***
- ***Die Entscheidung liegt bei Ihnen: Sie können (fast) alles erreichen, alles hat seinen Preis***
- ***Eignen Sie sich Eigenschaften erfolgreicher Menschen an, um die Veränderung zu vereinfachen.***

30

5. Ihre Zukunft

Die wenigsten Menschen wissen genau, wie ihre Zukunft aussehen soll. Viele Menschen haben keine eindeutigen Ziele.
Es ist erwiesen, dass 80 % aller Motivationsener-

gie der persönlichen Vision entspringen. Wir brauchen einen Grund für unser tägliches Handeln. Die Vision ist das WARUM hinter all dem, was wir tun.
Richten Sie Ihr Leben nach Ihren Stärken aus. Betreiben Sie einen Beruf, in dem Sie Ihre Stärken und Talente ausleben können. Erstellen Sie Ihre persönliche Stärken-Liste, bestimmen Sie die fünf wichtigsten und fragen Sie einen guten Freund, ob er Ihre Liste genauso beschreiben würde. Das Leben nach den Stärken auszurichten heißt, motiviert, engagiert und auf Dauer erfolgreich zu sein.
Erstellen Sie sich einen Zielplaner. Schauen Sie, ob Ihre Ziele nach Ihrer Vision ausgerichtet sind. Integrieren sie Ihre Stärken und Talente? Ziele lassen sich leichter mit der neuen SMART-Formel erreichen oder mit einer entsprechenden Visualisierungs-Übung.

- ***Den Menschen fehlt es vielfach an eindeutigen Zielen.***
- ***Die Vision ist der Grund, weshalb wir aktiv handeln. Sie ist das WARUM hinter all dem, was wir tun. Entwickeln Sie Ihre persönliche Zukunfts-Vision.***
- ***Menschen, die ihr Leben nach ihren Stärken und Talenten ausrichten, sind motivierter, engagierter, haben Spaß an dem, was sie tun, und sind auf Dauer erfolgreicher als andere.***

- *Richten Sie Ihre Ziele nach Ihrer Vision aus. Integrieren Sie Ihre Stärken und Talente und beschreiben Sie Ihre Ziele nach der neuen SMART-Formel. Visualisieren Sie Ihre Ziele.*
- *Erfolg ist tatsächlich planbar. Wenn Sie nach diesem Buch handeln, wird sich der Erfolg Stück für Stück einstellen. Der feste Glaube an den Erfolg lässt Erfolg Wirklichkeit werden. So wie negative Glaubenssätze uns absolut blockieren, treiben positive Glaubenssätze uns sehr stark an. Der Erfolg passiert. Act on it – Handeln Sie: JETZT!*

Der Autor

Siranus Sven von Staden, geb. 4. März 1968, ist Begründer der Transformations- und Heilmethode „Quantum Energy", Erfolgsautor, Vortragsredner sowie Berater und Coach für die neue Zeit. Seine Reise brachte ihn zu unterschiedlichsten Lehrern aus aller Welt; zu Wissenschaftlern der Quantenphysik, Zellforschung und Entwicklungsbiologie; zu Top-Trainern aus den Bereichen Motivation, Erfolg, Charisma, NLP usw.; zu indischen Meistern, in tiefe Innenschau. Er beschäftigte sich intensiv mit der Neuen Energie, der Quantenphysik, Zellbiologie, Epigenetik und Morphogenetik. Dankbar, all diese Erfahrungen und Erkenntnisse gesammelt zu haben, hat er ein zukunftsweisendes Konzept erarbeitet, welches die Menschen zügig und leicht auf ihren Weg bringt.

Siranus Sven von Staden ist Lebensunternehmer. Er lehrt, was er lebt: das grenzenlose Potenzial unseres Herzens und Verstandes zu erforschen und erfolgreich in unser Leben zu tragen; zum Wohle jedes Einzelnen, der Unternehmen, der Gesellschaft und der Umwelt. Seine Arbeit ist seine Leidenschaft und Berufung. Nachhaltiges Lernen mit Leichtigkeit und Herz ist sein Motto. Er ist Autor von mehr als 20 Büchern und Audio-Books. Diverse Expertenauftritte in Radio und Fernsehen runden sein Profil ab. Er lebt und arbeitet auf Ibiza.

Weiterführende Literatur

- Bandler, R.: Time for a Change, Junfermann, Paderborn 2003
- Bandler, R.: Richard Bandler's Leitfaden zu persönlicher Veränderung. Bookmark NLP 2009.
- Bandler, R.: Time for a change, Junfermann 2010
- Bandler, R.: Bitte verändern Sie sich ... Jetzt!, Junfermann 2009
- Barranger, J.: Gehen oder Bleiben, Wirtschaftsverlag Carl Ueberreuter, Frankfurt/Wien 1998
- Berner, W. : Bleiben oder Gehen, Wirtschaftsverlag Carl Ueberreuter, Frankfurt/Wien 2001
- Chip. H. et al: Switch, Scherz 2011
- Covey, S. R.: Die 7 Wege zur Effektivität, Gabal 2005
- Decker, F.: Die neuen Methoden des Lernens und der Veränderung, Lexika Verlag, 2. Auflage, München 1996
- Dilts, R.B.: Die Veränderung von Glaubenssystemen. Junfermann 2006.
- Doppler, K. u. a.: Unternehmenswandel gegen Widerstände, Campus Verlag, Frankfurt 2002
- Grabhorn, L.: Aufwachen – Dein Leben wartet. Goldmann 2004
- Johnson, S.: Die Mäuse-Strategie für Manager, Ariston 2000
- Johnson, S.: Die Mäuse-Strategie für Manager, Heinrich Hugendubel Verlag, Kreuzlingen/ München 2000
- Konnerth, T. / Senftleben, R.: Das Zeit zu leben E-Book, Ausgabe 6/2002

- Kotter, J. et al: Das Pinguin-Prinzip, Droemer 2011
- Lassen, A.: Heute ist mein bester Tag, LET-Verlag, Bruchköbel 1997
- Muths, D.: Mut zur Veränderung, Knaur TB 2009
- Robbins, A.: Das Robbins Power Prinzip, Heyne Verlag, 9. Auflage, München 2002
- Ryschka, J.: Veränderungen in der Firma – und was wird aus mir?, Wiley 2007
- Schmidt-Tanger, M.: Veränderungscoaching, Junfermann, Paderborn 1998
- Secretan, L.: Inspiration statt Motivation, Kamphausen 2006
- Seiwert, L. J.: Das Bumerang-Prinzip: Mehr Zeit für's Glück, Gräfe und Unzer Verlag, München 2002
- Sprenger, R. K.: Die Entscheidung liegt bei Dir, Campus 2010
- Sprenger, R. K.: Das Prinzip Selbstverantwortung, Campus 2007
- Sprenger, R. K.: Die Entscheidung liegt bei Dir, Campus Verlag, 12. Auflage, Frankfurt/Offenbach 2003
- Tobler, S.: Neuanfang – Veränderungen wagen und gewinnen, Klett-Cotta 2010
- von Münchhausen, M.: So zähmen Sie Ihren inneren Schweinehund, Campus Verlag, Frankfurt/New York 2002
- von Münchhausen, M.: Die kleinen Saboteure, Campus Verlag, Frankfurt/New York 2003
- von Staden, S.: Quantum Energy. Schirner 2011.

- von Staden, S. & von Staden, S. A.: Frag dich glücklich. Schirner 2012.
- von Staden, S.: Top Performance im Vertrieb, in: DV+VA, Nr. 179/2003, S. 18-19
- Walsch, N. D.: Wenn alles sich verändert, verändere alles, Arkana 2010
- Wendlandt, W.: Veränderungstraining im Alltag, Thieme, Stuttgart 2003

Hörbücher

- Christiani, A.: Christiani High Performance System, Hörbuch 1: Talentefokus, Starnberg 2003
- Christiani, A.: Christiani High Performance System, Hörbuch 2: Selbstmanagement, Starnberg 2003
- Küstenmacher, W.: Simplify Your Life, Campus Verlag, Frankfurt/Offenbach 2003
- Von Staden, S.: Ziele-Coaching, auf: Julian Wolfs Peak-Coaching CD, Mörlenbach, Ausgabe 03/2004

Weiterführende DVDs und CDs

Der Film Deines Lebens, Allegria 2011

Die Gabe, Scorpio 2010

von Staden, S.: Die Transformation des Zellbewusstseins I. Schirner 2011.

Von Staden, S.: Vom Mangelbewusstsein ins Füllebewusstsein, Schirner 2011

Register

Die 30 Minuten-Reihe
In 30 Minuten wissen Sie mehr!

GABAL

Jeder Band 96 Seiten, 2-farbig
€ 8,90 (D) / € 9,20 (A)

Experten-wissen im Pocket-format

Frank H. Berndt
30 Minuten Burn-out
ISBN 978-3-86936-255-7

Peter Mohr
30 Minuten Präsentieren
ISBN 978-3-86963-261-8

Reinhard K. Sprenger
30 Minuten Motivation
ISBN 978-3-86963-257-

Peter Mohr
30 Minuten Verkaufen
ISBN 978-3-86963-258-8

Ardeschyr Hagmaier
30 Minuten Basiswissen Akquise
ISBN 978-3-86963-262-5

Stefanie Demann
30 Minuten Selbstcoaching
ISBN 978-3-86963-26

Ulrich Siegrist,
Martin Luitjens
30 Minuten Resilienz
ISBN 978-3-86963-263-2

Stéphane Etrillard
30 Minuten Überzeugen
ISBN 978-3-86963-264-9

Hartmut Laufer
30 Minuten Besprechungen
ISBN 978-3-86963-26

Weitere Informationen finden Sie unter www.gabal-verlag.de